ギフトの攻略法

そのヒントは「ギフト・ショー」にある

インターナショナル・ギフト・ショー主催 芳賀久枝 著

はじめに

私がギフトにたずさわって50年近くがたちます。わが社を設立した頃、当時はまだ、ギフトと言う言葉さえ誰も知らず、私は夫と二人でメーカーや小売店を回って、まず、ギフトとは何かを説明することから始めなければなりませんでした。

しかも、当時は1業種1店舗の時代で、メーカー、問屋、小売店を結ぶ縦割りの流通構造ができあがっていました。それも大変強固なものでした。私たちは、それを胴切りして異業種が混在する業態融合のマーケットをつくろうと、既存の業界と闘っていました。

その中で開催したのが「ギフト・ショー」です。初めの頃は業界の抵抗にあいました。しかし、その内、世の中も変わり、業界の人たちもだんだん方向転換するようになり、結果、1業種1店舗の時代はほぼ終わりをつげました。

「ギフト・ショー」は「2018年秋」で86回目を数えます。長いようで短かかった半世紀です。

「ギフト・ショー」に来場する多くは若い方です。業態融合のマーケットがあたり前の時代に育った人たちです。

そこで、ギフト業界を担うそのような若い方たちや、他の業界からこの世界に入ってきた方たちを含め、すべてのギフト関係者に、ギフトに関わるもろもろのことを知っていただきたいと思い、本書を出版することにしました。

第1章はまず、歴史です。そもそも贈り物とは何か。また、外国人からは日本独特の「お返し」はどう見えるのか、あるいは日本人がこだわる包装紙や手提げ袋などについても触れています。

第2章と第3章はギフトの市場と流通に関する話です。ビジネスにたずさわる限り、市場や流通を知っておくことは重要です。ギフト市場とはどういうものか。また、自分たちがつくる製品がどのようにして消費者に届き、あるいは仕入れた製品がどういう流通経路をたどってきたのか。物は勝手に動くわけはないのですから、そういう市場や流通をしっかりつかんでおくことは、この先必ず役立ちます。

そして第4章では、わが社主催の「ギフト・ショー」についてお話しします。ショーの内容だけでなく、マッチングやコンテストにも及び、「ギフト・ショー」がよくわかるようになっています。

ここまではギフトに関する基礎知識と言えます。

そして、いよいよ最終章です。これらを踏まえた上で、ギフトの攻略法についてお話しします。舞台は「ギフト・ショー」です。メーカー、問屋、小売店のそれぞれの立場から、「ギフト・ショー」において取り引きをどう進めればいいのか、それには何が必要か、さらには名刺やパンフレット、効果的な出展づくりまで実践に絞って詳しく述べています。

本書をお読みいただき、ギフトのことを勉強したところで「ギフト・ショー」に臨んでいただければ、ビジネスにおいてさらなる飛躍が待っているものと確信します。「ギフト・ショー」と言う舞台で、攻略の成果をおおいに発揮していただきたいと思います。

目次

第2章　ギフトと市場

第3章　ギフトと流通

第4章　「ギフト・ショー」

最終章　ギフトの攻略法

第1章
ギフトと日本人

ギフトの始まり

ギフトは人が生活をする上で欠かせないものです。品物を贈ると言うただそれだけのことですが、その効果や影響は大きいと言えます。人と人とを円滑につなぐアイテム、それがギフトです。

この世に人が存在する限り、贈ったり贈られたりする、いわゆる贈答の習慣はなくなることがないでしょう。言い換えれば、人が存在するようになった太古の昔からそれは続いていると考えられます。

西洋の場合、人々の間で一番よく知られるのが、キリスト誕生における三人の博士による贈り物です。彼らは黄金・乳香・没薬《もつ》を生まれたばかりのキリストへ捧げるために、はるばる東方より運んできました。そう聖書にあります。ちなみに黄金は王位の象徴、乳香は祈りの象徴、没薬は死の象徴とされます。キリストそのものを表しています。

古代を扱った映画にも、一国の王様へ他国からの使者が貢ぎ物をする場面がよく登場します。規模の大小はあるものの、人から人へ贈り物をすると言う点では、昔も今も変わらないことがわかります。

日本の場合、贈り物の起こりは縄文時代に見ることができるようです。この時代は稲作よりも狩猟や採集が盛んだったと言われます。おそらく複数の家族が集団で生活していたのでしょう。その中には狩猟や採集にたけていた者もいれば、そうでなかった者もいたはずです。そこで獲物の多かった者は少ない者に分け与え、互いに助け合って暮らしていたと考えられます。この分配が日本における贈り物の原始とされるようです。

食べ物の分配が贈り物の起源であったことを考えると、現在、日本の贈答品の中で食品が一番多いことも、どこかうなずけます。食品はどう時代が変わろうと最も必要とされる物で、誰がもらっても喜ばれます。

贈り物は人々の生活に根ざし、延々と今日まで受け継がれています。

〝悪意〟の贈り物

今では、〝ギフト〟と言う言葉を知らない人はいないと言っていいでしょう。それほどわが国では日常生活の中でごく普通に、ギフトと言う言葉が使われています。親しい人、お世話になった人、最近では自分へのごほうびにギフトを贈る人もいます。

ギフトとは日本語に訳すと、「贈り物、進物、贈答」となり、高齢の方にはこれらの言葉のほうが馴染み深いかもしれません。お歳暮やお中元の贈答、お世話になった方への進物など、よく使われたものです。

ギフトと言う言葉がわが国で使用されるようになるのは近年のことです。まだ半世紀にもなりません。戦後、夫と私とで起業した出版社の「ビジネスガイド社」で使い、広めたのが最初です。

実はギフトと言う単語は全世界で用いられているわけではありません。特にヨーロッパでは、人から人への贈り物という意味では、まったく使われません。イギリスではプレゼント、フランスではカドー、イタリアとスペインではレガロ、ドイツではゲシェンクと言います。大国ではアメリカだけがギフトと言っていました。私たちはそのアメリカにならったのです。

この中で日本人がよく耳にするのはギフトとプレゼントでしょう。日本語にすればどちらも「贈り物」ですが、ギフトはプレゼントに比べ、より改まった場面で使われることが多いように思えます。その点、プレゼントにはカジュアルな印象があり、日本ではギフトとは別に、気楽な感じの贈り物として使用されるようです。

ギフトと言う言葉を使うのは欧米ではアメリカだけですが、では、なぜヨーロッパでは使われないのでしょうか。イギリスのような英語圏でさえそうです。

それは、ギフトがいい意味で捉えられていないからです。理由は古代ギリシャにまでさかのぼります。ホメロスによって書かれたトロイア戦争の中の「トロイの木馬」からきています。ギリシャのトロイアへの贈り物である巨大な木馬に実はギリシャ軍が隠れていて、トロイアを壊滅させたことから、ギフトとは悪意のある贈り物とみなされたのです。その認識が今に伝わっています。ドイツではギフトは毒を意味するほどです。

なお、ｇｉｆｔと言う単語には、才能と言った、天から与えられるものを指すこともあります。

人はなぜ贈り物をするのか

人はなぜ贈り物をするのでしょうか。

そこには人ならではの思いが込められています。

その理由として最も多いのは、「相手に喜んでもらうため」です。中でも、一番よくそれが現れているのは誕生日のプレゼントです。

大日本印刷（ＤＮＰ）「日常生活とギフトの実施状況に関する調査」（２０１５年）によれば、80％の人が「相手に喜んでもらうために誕生日プレゼントを贈る」と答えています。また、「日常的なプチギフト」にしても、その思いから贈る人は65％にものぼり、母の日、敬老の日、父の日などのプレゼントの場合も60％に達します。

このことから、記念日に贈るギフトのほとんどは、相手に喜んでもらいたいと言う思いからの行為であることがわかります。「相手に喜んでもらうために贈る」に続いて多いのは、「気持ちを伝えるために贈る」です。

同調査によれば、それが強く現れているのは母の日、父の日、敬老の日のプレゼントです。どれも50％に達します。５割の人が気持ちを伝えるために贈り物をすると答えています。ただし誕生日に関しては、「相手に喜んでもらうため」が多くを占めるので、こちらはあまり目立ちません。

積極的に贈るプレゼントとしては、他に、「良いコミュニケーションの機会だ」との声もあります。

いずれにしても、これらの回答には、普段、口には出さないけれど、相手を思う気持ちを贈り物に託して伝えたいとする、贈り手の心情が現れていると考えて間違いないようです。

反対に、消極的な気持ちから贈るギフトについても見てみましょう。つまり、「習慣で贈る」「形式的に贈る」ギフトについてです。

「習慣で贈る」で一番多いのがお中元、お歳暮です。しかし、全員が消極的な気持ちから贈るわけではないことがわかります。「相手に喜んでもらうため」「気持ちを伝えるため」に贈る人も、「習慣で贈る」人に近いくらい多いのです。「習慣で贈る」人は50％弱、「相手に喜んでもらうために贈る」「気持ちを伝えるために贈る」人は40％強いて、それほどの差はありません。もちろん、「形式的に贈る」と言う、文字通り型通りの贈り方もお中元やお歳暮には見られますが、その割合は10％強と、ずっと少なくなっています。

いずれにしても、贈ると言う行為には、人の気持ちが大きく関わっていることがわかります。相手に喜んでもらいたい、相手に自分の今の気持ちを伝えたい、相手とスムーズなコミュニケーションをはかりたい、そういう思いから人は贈り物をします。それはお中元、お歳暮のような儀礼的なギフトにも言えることです。確かに、儀礼的ではありますが、そこにもなんらかの人としての気持ちが託されています。

物を贈る行為は、社会で生きていく上で、欠かせないものです。会話だけで思いのすべてが伝わるなら、贈り物は存在しないはずです。それだけでは足りないので、そこにギフトと言う便利なツールが介在します。

人間の知恵が生んだ素晴らしいコミュニケーションの手段として、ギフトは存在します。

戦前の贈答

お正月、誕生日、バレンタインデー、母の日、クリスマス、結婚式、お中元、お歳暮などなど、思いつくままに挙げただけでも、わが国では一年を通じ、いろいろな場面で贈り物をします。また、それに対してお返しも盛んです。一年の内でこれほど贈り物をするのはわが国ぐらいです。

贈ることと、そのお返し、つまり「贈答」は日本独特のものと言っても過言ではありません。この慣習は平安時代には存在していて、複雑な贈答の儀式が『源氏物語』の中にも登場します。贈答の慣習はこんなに古くから日本人の間に伝わり、受け継がれてきました。

贈答の土台にあるもの、それは共同体です。人は一人では生きられず、共同体の中で互いに助け合いながら暮らします。ひと昔前までは冠婚葬祭も自宅で行うのが普通でした。式場を利用するようになるのは戦後のことです。

結婚式があると、村人たちは総出で手伝い、米や野菜、あるいはお金などを持ち寄って互いに助け合い、終わると、残った金品を村人たちに返したと言います。この習わしがお返しの起源と伝えられます。していただいたのだから、その行為に対して物でお返しをする。相互扶助の形として、「贈答」が行われたのです。

「個」より「家」

これは「個」より「家」が重視された社会であったことと結びついています。贈る行為もお返しする行為も「個」からではなく「家」からです。結婚も個人同士がするのではなく、家同士がすると言う、現代人にとっては理解しがたいことがまかり通った社会でした。「○○家に嫁に行く」「○○家から養子を迎える」など、常に「個」よりも「家」が優先されていました。今でも目にする、結婚式場での「○○家　○○家の御結婚式」と書かれた看板は、その名残です。

個より家が絶対でしたから、戦前は、家の名を汚さないように贈答には誰もが気を使いました。特に、仕事や個人的にお世話になっている相手には盆暮れは言うに及ばず、ことあるごとに贈り物を欠かしませんでした。当然、それに対するお返しも盛んでした。

このように戦前までは、贈答の慣習は堅固に守られていました。結婚に伴う結納《ゆいのう》1つをとっても、そのことがよくわかります。『日本婚姻史論』（有賀喜左衛門著）によれば、結納返しには3つの型があって、1つが同額もしくは同額に近い物を返す、2つ目が結納の半額またはそれに近い額を返す、いわゆる半返しです。嫁方から婿方へ結納のほぼ半分が返されました。そして3つ目が結納の1割を返すとなっています。いずれにしてもどれも必ずお返しが伴います。3番目の「1割を返す」に至っては、物をもらったら手ぶらで帰してはならないと言う、日本人のお返しに対する意識がはっきりと見てとれます。

また、このような贈答の背景には、日本人の義理堅さもあるとされます。お中元やお歳暮を毎年欠かさず贈ったり、あるいは、いただいた物に対して必ずお返しをするのも、人からもらって知らんぷりはできないと言う、日本人の国民性によると考えられてもいます。

近所からおすそ分けをしてもらっただけで、日を置かずにこちらからお返しをする。すると、また、相手がお返しをする。お返しは途切れることがありません。

贈答に関する日本人の意識は今、大きく変わっています。しかし、戦前は、いろいろな場面で「贈」と「答」がやりとりされました。日本人にとって、それは社会生活を円滑に営む上で欠くことのできないものだったのです。当然、贈答ギフト市場は今より盛んでした。

戦後の贈答

戦後は、あらゆる面に変化が訪れます。

終戦から2年たった1947年には、それまで民法で規定されていた家制度が廃止されます。「家」と言う縛りから解放され、「個人」が尊重される時代になったのです。戦後教育を受けた人々は戦前とは違った価値観でものを見、暮らすようになりました。

それはギフトの世界にもあてはまります。

戦前の冠婚葬祭はお返しを伴うギフトが中心でした。結婚式の引き出物、葬式での香典返しはその最たるものです。他にも快気祝い、新築祝い、法事など、お返しがつきものでした。

ところが、戦後になり、欧米のライフスタイルが日本に入ってくると、お返しする必要のない、贈るだけのギフトが盛んになり出したのです。クリスマス、誕生日、母の日、父の日、バレンタインデーなどが西洋から伝わり、これらは個人から個人に贈り物をするのが習わしです。このような習慣はそれまでの日本にはありませんでした。ハレの日は、せいぜい家族や友人といっしょに外で食事をしてお祝いするくらいだったのです。

しかし戦後になり、このような記念日が日本人の間に定着していくと、恋人同士や友人同士に限らず、夫婦や家族の間でも、物を贈ったり贈られたりするのがごく普通に見られるようになりました。

それは形式ばらない気軽な贈り物で、お返しを伴いません。相手の喜ぶ顔を期待して贈るだけのギフトです。その点、とても個人的です。そこからこれはパーソナルギフトと呼ばれます。ちなみにこの名称はわが社がつけたもので、当社で発行する月刊誌『月刊ぎふと』の中で使ったのが最初です。一方、お返しがつきもののギフトは返礼型ギフトと呼ばれます。

こうして見ると、戦前と戦後ではギフトが大きく様変わりしたことがわかります。もちろん返礼型ギフトは今も活発に流通されています。消滅したわけではありません。それを利用する人も大勢います。しかし、戦前のようではなくなっています。

その理由としては、人々の志向がパーソナルギフトへ移ったことと、日本人の生活スタイルが欧米化し、それに伴い人々の意識も変わってきたことです。冠婚葬祭は特にそれが顕著です。

変わる結婚式

結婚式の場合、少子化の影響から挙式の数自体が減っていることに加え、以前よく見られた華美な式より、親しい友人や身内だけによるアットホーム的な、こじんまりとしたものに人気が移ったことがあります。

また、近年は、海外で二人ないし身内だけで挙式をしたり、結婚式そのものを挙げなかったり、また、挙げたとしても費用を抑え、その分を新婚旅行に回したりなど、戦前とはがらっと変わってきています。

当然、これらのケースでは、お返しの引き出物は戦前のような品数の多い豪華なものではありません。引菓子にプチギフト程度を引き出物代わりにする会員制の結婚式も近年は目立ちます。また、チョイスギフトと言って、印刷物から好きな引き出物を選んでもらうカタログギフトも非常に盛んです。

ただし、これはあくまでも一般的な傾向であって、地方によってはそうでないところもあります。

一方、葬式も、かつてのような費用をかけた盛大な葬儀は減り、身近な人だけで行う密葬や家族葬のような小規模なものが増える傾向にあります。また、お中元やお歳暮も、慣習として受け継がれてはいるものの、戦前に比べればその機会はずっと少なくなっています。

企業間がそうです。バブルが崩壊してからはコンプライアンスの意識が高まり、高額な贈答品の受け取りを辞退する会社も現れています。また、2000年以降は、個人情報の保護と、上司と部下の癒着を防止するなどの理由から、社内外共にお中元やお歳暮などの贈答を全面的に規制する企業も珍しくなくなっています。

戦前は個人が贈るにしても儀礼的で、お返しが伴いました。そのため市場は、この種の返礼型ギフトが主流でした。しかし、戦後は、個が重んじられ、また日本人のライフスタイルが欧米化したことで、お返しを必要としない、気軽なパーソナルギフトに比重が移りつつあります。

外国人には不思議な「お返し文化」

お返しを伴う日本のギフトは世界的に見ても特殊です。そのため外国人には理解しがたいようです。いただいた物に対して、なぜお返しをしないといけないのか。それがわからないと外国人は言います。

欧米に限って言えば、それはキリスト教的ものの考え方と相反しているからです。キリスト教では、受けるより与えるほうがより良いとされます。人に与えれば与えるほど天国に近づける。敬虔なキリスト教徒であるほどそう考えます。

与えるほうが重要ですから、欧米では、あげたからといって、お返しを期待するようなことはありません。一方、受ける側も、いただいたからといって、お返ししなければならないと思ったりはしません。いただいたことへの感謝の気持ちを持つだけで、お返しする義務感は生まれません。与えられたら、それに見合うだけの返礼を重視する日本人とは大きく異なります。

また、外国人から見て不思議でならないのが、お祝いに現金を贈ることです。葬式もそうです。香典を包みます。私たち日本人にとってはごく普通のことですが、欧米の人にとっては、「現金を贈るなんて」と、眉をひそめる行為なのです。

なぜなら欧米では、現金を贈るのは何か下心があるとみなされます。賄賂と受け取られるのです。特にドイツでは軽率なこととして非難されます。日本で普通に行われる上司へのお中元やお歳暮も、欧米では賄賂ととられるので、けっしてしません。

では、まったくお金を贈ることがないかと言えばそうではありません。ただし、日本の結婚式のように、友人であれば1人2万円、親族なら1人5万円は包むと言うようなことはありません。実際、外国人がその場に遭遇すると、一様にびっくりします。欧米ではせいぜい1人50ドル程度だからです。そもそも引き出物文化と言うのがないのですから、パーティの飲食代としてこれぐらい払っておけばいいかな、と言う程度の金額です。

日本ではお年玉として子供にさえお金を贈りますが、これも外国人には理解しがたいことです。ましてやそのためのぽち袋まで市販されているのに驚きます。欧米では親が子にお金を渡すことはあっても、他人の子供や、ましてぽち袋まで用意されているようなことはありません。外国人が不思議がる習慣の1つと言えそうです。

「欲しい物リスト」

欧米では現金でなく、物を贈るのが普通です。結婚式がいい例です。ご祝儀に相当する物として「欲しい物リスト」があります。アメリカではウェディングレジストリー、イギリスではウェディングリスト、スペインではリスト・デ・ボダ、フランスではリスト・ド・マリアージュ、イタリアではリスタ・ディ・ノッツェと呼ばれます。各国に存在するほど、ご祝儀としての「欲しい物リスト」は欧米で普及しています。

これは、結婚式を挙げるカップルがそれを扱っている店でつくるリストです。家電品の店が多いようです。ここには、自分たちの新居に欲しい物が二人の手によってずらりと書かれています。以前は通知をもらった友人たちが、選ぶためにその店に足を運んでいましたが、最近では、インターネットで公開されるケースが増えています。

友人たちはそのリストを見て、何を贈るか決めます。決まれば順次リストから消されます。贈り物が重複しない仕組みです。リストには安価な物から高価な物までいろいろあるため、のんびりしていると、高価な物だけが残って、困ったな、と言うことも起きたりするようです。

欧米の人によれば、この習慣はとても便利だそうです。何をあげていいか迷わずにすむからです。また、あげた物がダブる心配がないのも安心な点だと言います。

このように結婚式1つとっても、欧米はとてもカジュアルです。それだけに、日本はいろいろな面で儀式ばっていると、外国人の目には映るようです。式の段取りだけではありません。お金を包む熨斗《のし》袋でさえ祝儀不祝儀で異なり、複雑な結び目にも意味があることに外国人はびっくりします。

外国にはお返しの文化そのものがありません。この点、お返しを重視するわが国とは大きく異なります。

日本人特有のお土産意識

ギフトと言うことでは、「お土産《みやげ》」も入ります。最も気軽なギフトと言っていいかもしれません。

土産は本来、その土地の産物のことで、「とさん」「どさん」と言われたそうです。

人にあげるのでよく見て選ぶことから、「見上げ」が転じて「みやげ」になったと言う説もあれば、屯倉《みやけ》（朝廷）からの品物の意味からそう呼ばれるようになったと言う説もあり、本当のところはよくわかっていません。

お土産は日本人に限るものではありません。ただし、お土産に対する意識は、日本人と外国人では大いに異なります。

日本人は国内旅行であろうと海外旅行であろうと、多くの人がお土産を買って帰ります。渡す相手は家族や友人が中心ですが、中には、同僚や近所の人にまで及ぶことがあります。また、日本でごく普通に見られるのが、サラリーマンが出張する際、ご当地のお土産を会社に買って帰ることです。手ぶらでは会社における人間関係が気まずくなるので、そうならないようにするためのようです。

外国人もお土産を求めるのは同じです。ただし、日本人のように義理で買うことはありません。家族や親しい人以外では、たとえば留守中に花に水やりをしてくれたり、犬の世話をしてくれたりした人に、ちょっとした物を買って帰るくらいです。これはあくまでもその行為に対するお礼です。受け取る側にしても、それは思いがけないプレゼントであって、最初から期待した物ではありません。

お土産は、神社仏閣と深い関係があるとされます。昔は、神社やお寺に詣でると、参詣した証《あかし》として、神社仏閣による「授かり物」を持ち帰ったと言われ、これがお土産の起源と考えられています。

江戸時代になると、今のガイドブックのような物まで出版されるほど、庶民の間でお伊勢参りや日光詣でなどの旅行が盛んになりました。旅行者が増えると、神社仏閣による「授かり物」だけでは対応できなくなり、それに代わる品物を売る店が門前に建つようになりました。これが土産物屋の起こりとされます。旅行者はその地を訪れたことを証明するために、お土産を買って帰ったようです。

今も、名だたる神社やお寺の参道には土産物店がずらりと軒を連ねています。浅草の浅草寺、成田の成田山新勝寺、長野の善光寺、京都の清水寺、三重の伊勢神宮、福岡の太宰府天満宮などなど、神社仏閣に通じる参道はたくさんの土産物店で賑わいを見せています。

現在は、神社仏閣に限らず、観光名所を始め、娯楽施設、テーマパーク、ショッピングモール、サービスエリア、駅、美術館に至るまで土産物店が並んでいたり、お土産のコーナーがあったりします。

餞別

「餞別《せんべつ》」と言う言葉をご存知ですか。最近はそれほど聞かなくなりましたが、少し前までは旅行に行く人には餞別を渡す習慣がありました。餞別とは転居、転勤、退職など、遠く去る人に、はなむけとして贈る金品のことです。これもれっきとしたギフトです。その対象には旅行も入ります。

昔の旅行は危険と困難がつきもので、旅立つ前は家族や知人が集まって道中の無事を祈りました。その際、旅行の足しに餞別が贈られました。修学旅行に行くのに祖父母が孫に餞別をあげるのを見かけることがありますが、これはそこからきています。もらったらたいていの人が、お返しに旅先でお土産を買って帰ります。ここにも日本人特有のお返し文化が見られます。

お中元とお歳暮のしきたり

贈り物として昔から続くのがお中元、お歳暮です。お世話になった方へ日頃の感謝の気持ちを品物に託して届けます。

このような慣習は外国では見られません。日本独特のものです。お中元、お歳暮の機会は昔に比べれば減っていますが、今でも利用する人は多く、重要なギフトであることに変わりはありません。

お中元もお歳暮も、その成り立ちは中国に由来します。中国では、旧暦の7月15日を中元と言い、13日から16日にかけての4日間に、仏教の年中行事である「盂蘭盆《うらぼん》会《え》」が行われました。これが7世紀に日本に伝わり、仏教が広まると共に、このお盆の行事も普及していきました。こうして中元とお盆が結びつき、お盆の頃に贈り物がやりとりされるようになったのです。そこからこの慣習を「お中元」と呼ぶようになったとされます。

また、お歳暮ですが、中国では、先に記した中元、他に上元、下元と言う3つの祭日があり、それぞれに神様にお供えをする風習がありました。一方、日本でもお正月に「御霊祭」と言う行事を開き、先祖を供養してお供え物をするという同様の風習がありました。この2つが合体し、下元（現在の11月上旬～12月下旬）に行われる風習の際に、お供え物が持ち寄られたことがお歳暮の起源と言われます。

実際、人々の間に伝わるお歳暮としては、江戸時代に武士がお世話になった人に贈り物をしていた風習が慣習化されたものと言われます。その後、商人の間に広まり、さらに明治になると、庶民の間でもやりとりされるようになり、今に至っていると伝えられます。

お歳暮は読んで字の如く、「年の暮れ」のことです。「歳暮を贈る」とよく言いますが、厳密に言えば、「歳暮を賀して贈る」が本当です。明治以前の文献からの引用文を集めた『広文庫』にも記されています。

「十二月下旬の内、眷族《けんぞく》（親族や家の子郎党）互いに物を贈り、または物学びし師匠、或いは病を治せし医師、そのほかかわれに恩ありし程の人には、分に応じて物を贈りて歳暮を賀すこととなり」

単に仕事上の関係だけでなく、プライベートでも恩のある人に、年の暮れに贈り物をしたことがわかります。

お中元とお歳暮には、贈る際に決まり事があります。

お中元の場合、関東なら7月初旬から7月15日までに贈るのが習わしです。関西では関東と違いお盆を8月に行いますから、お中元は7月下旬から8月15日までに贈るのが原則です。その時期を逃してしまうとお中元としては扱えません。その場合、関東なら「暑中御見舞」とし、9月初旬までは「残暑御見舞」として贈ります。関西も、「残暑御見舞」とします。

一方、お歳暮は、関東では12月初旬から12月31日まで、関西では12月13日から12月31日までに贈るのが決まりとされています。とは言え、年の瀬ぎりぎりになるのは、相手も忙しい時期であり、避けたいところです。できれば早い内にすますのが無難でしょう。どうしても年内に間に合わないようであれば、「御年賀」「寒中御見舞」とします。

贈答が禁止されている人

また、贈る相手にも気をつけたいことがあります。公職選挙法や公務員規定に抵触する可能性のある政治家や公務員、利害関係のある公立学校の先生などには、贈ることは禁止です。

ところで、お中元やお歳暮は、何かの折に一度お世話になったから贈ると言うものではないことをご存知ですか。これからもずっとお世話になりますと言う、継続したお付き合いに対する贈り物がお中元、お歳暮なのです。一度きりのことに対してお礼の意味から贈るのは、かえって失礼に当たるとされます。その時は、熨斗書きを「御礼」とします。

昔からのしきたりにのっとった贈り物がお中元でありお歳暮です。ルールを知っておくと役に立ちます。

熨斗と水引のマナー

「熨斗紙《のし》はおつけしますか」

贈り物を購入する際、店の人からよく聞かれます。

熨斗紙は熨斗と水引が印刷された紙のことで、贈答品の上にかけるのに使われます。熨斗も水引も日本独自の物です。

最近は、若い人ですと、熨斗と聞いてもぴんとくる人は少ないようです。祝い金を包む紙を熨斗袋と言うように、その右肩に左右を折り合わせた紙細工のような物がついています。あれが熨斗です。

熨斗は、白地の和紙に赤く染めた和紙を重ね合わせ、束ねた伸し鮑《あわび》を包んで、水引で結んだ物が原形とされます。祝賀の贈答の際、贈り物に添えて用いられていたようです。伸し鮑とは、鮑をかつらむきにしてから木槌で叩いて伸ばし、それを天日乾燥させて仕上げた物で、昔から貴重品として扱われていました。

そして明治に入り、庶民の間にも贈答の習慣が広まると、それにつれて熨斗も疑似《ぎじ》簡素化されていき、印刷技術の発達によって熨斗袋がつくられるようになったと言います。デザイン化した熨斗が生まれるのは大正時代の末期とされます。

熨斗袋や熨斗のデザインは東日本と西日本で異なります。東日本の熨斗は濃紺色に黄色の松竹梅を簡素化してデザインしていて、江戸の粋《いき》が感じられます。それに対して、西日本の熨斗は松竹梅と鶴亀をあしらった、多色刷が特徴です。華やいだ京の雰囲気の流れをくんでいます。

また、熨斗の配置箇所も東西で異なります。東日本の熨斗が水引にかかっているのに対し、西日本の方は水引から離れた位置にあります。本来の熨斗の姿に近いのは東日本のほうです。それを変化させたのが西日本の熨斗です。新しい慶弔文化をつくろうとする思いが反映されています。

一方、水引ですが、これは金封などにかけてある飾りひものことです。

歴史は古く、飛鳥時代にまでさかのぼります。遣随使の小野妹子が帰朝した際、随の答礼使からの贈り物に、航海の無事を祈って紅白の麻紐が結ばれていたことに由来するとされます。その後、宮中への献上品や貴族の間で紅白の麻をかけることが習慣となり、これが水引の起源と伝えられます。

水引にはいろいろとマナーがあります。まず、色です。慶事と弔事では異なります。慶事では「赤白」「金銀」「赤金」などが、弔事では「白黒」「黄白」「青白」「銀」「黒」などが使用されます。

次が結び方です。蝶結び、結び切り、鮑《あわじ》結びの3種類があります。目的に合わせて選ぶことが大切です。

蝶結びは何度でも結び直すことができることから、何度あっても良いの意味で、一般的なご祝儀やお祝い事に使います。ただし婚礼は慶事であっても、繰り返すのは良くないことから、蝶結びはしません。結び切りや鮑結びを用います。

結び切りは、繰り返すことがないようにと言う意味を持つことから、弔事やお見舞いなどに使用されます。

鮑結びは慶事、弔事共に使えます。特に関西では祝い事には蝶結びより鮑結びのほうがよく使用されるようです。蝶結びと結び切りのどちらにしたらいいか迷った時には、こちらを選ぶと無難とされます。

また、紐の本数にも規定があります。基本は5本です。しかし7本や9本の物もあります。3本や赤線1本だけは粗品などに使われる物なので、注意が必要です。

最近は、伝統を踏まえながら新しい感覚によってデザインされたおしゃれな水引も登場しています。日本を訪れる外国人にも人気のようです。

包装紙に見るおもてなし

贈り物をする時、日本人は細部にまでこだわります。中身はもちろんのこと、包装紙もその1つです。特に、お中元やお歳暮などの儀礼的な場面では、包装紙はそれを演出する大事なツールと言えます。

確かに、包装紙は物を包むだけの紙にすぎません。しかし、そこには外国人には見られない、日本人特有のおもてなしの心が反映されています。

包装紙は風呂敷が形を変えた物です。風呂敷自体は奈良時代からあったとされますが、庶民の暮らしの中で日常的に使われるのは江戸時代に入ってからです。呉服屋さんは反物を包み、道具屋さんは道具を包み、旅人は荷物を包んで運んでいました。大きな物から小さな物まで包める風呂敷は、人々にとってなにかと便利だったのです。また、贈答の品を持ってお世話になった方のお宅を訪問する際にも、なくてはならない物でした。

ところが明治になると、西洋から製紙技術が伝わり、紙が普及するようになります。すると風呂敷に代わる物が登場しました。それが包装紙です。真心を包む物が、風呂敷から包装紙へと移っていったのです。

百貨店での包装紙のさきがけは老舗の三越とされます。明治中期の１８９０年代のようです。茶色いクラフト紙が使用されたようです。

三越はまた、百貨店の中で、早くからオリジナルの包装紙をつくりました。終戦から間もない１９５０年のことです。実際に使用するのは翌年からです。猪熊弦一郎画伯による石の形をモチーフにした包装紙は、斬新なデザインで注目を浴びました。

その後、他の百貨店も次々にオリジナルの包装紙を使うようになり、伊勢丹のタータンチェック、高島屋のバラ、京王百貨店の幸せを運ぶハトのデザインなどはよく知られます。

ギフトとしていただいた時、真っ先に目に入るのは包装紙です。高級なお店の包装紙とわかると、中を開ける前から早くもワクワクした気分になります。立派な物が入っていることを想像させます。まさに包装紙はその店の顔とも言える存在です。

それだけに店側では、包み方にも気をつかいます。けっしてぞんざいには扱いません。その1つが角をきっちり出すことです。こうしないと美しく仕上りません。

包み方にもマニュアル

折り方も重要で、これにはふた通りあります。1つが「キャラメル包み」、もう1つが「斜め包み」です。

キャラメル包みとは、キャラメルの包みを連想するとわかりいいのですが、熨斗《のし》紙をつける時によく使われる方法です。背側で紙を合わせた後、サイドにそれぞれ余分の紙を折リ込みます。

また、斜め包みとは、斜めに置いた紙に品物を乗せ、巻くようにして包んでいく方法です。ベテラン店員の手にかかると、それはあっと言う間で、外国人は皆、びっくりします。

包み方だけでも決まったマニュアルがある上、祝儀不祝儀でも異なります。キャラメル包みの場合、祝儀では右側の紙が上に、不祝儀では左側の紙が上になるようにしなくてはなりません。斜め包みでもマニュアルが決まっています。

百貨店の新入社員は、入社したら最初に、包装紙の使い方から覚えさせられると言います。それほど包装を重視していることがわかります。贈る人の思いを店側がしっかり受け留めている証拠です。

海外ではこれほど丹念に包装紙を扱うことはありません。ただ包むだけです。

包装紙にこだわる日本人

包装紙1つにも、いろいろな決まり事があるのは日本くらいです。しかし、これは外国人にはわかりづらいようです。いや、理解不能と言ったほうがいいかもしれません。なぜなら、贈り物で重要なのは包装紙ではなく、中身だと言うのが彼らの言い分だからです。包装紙はただの紙にすぎず、物を包むだけの存在でしかないのです。

このことは、贈られた時の包装紙の扱いにも現れています。

日本人は、そのあと捨てるとわかっていても、丁寧にお店のテープをはがし、紙が破れないように、そろそろと開いていきます。終わるときれいに折りたたみ、人によってはまた何かの機会に使おうと、とっておいたりもします。デザインが気に入ったり、有名百貨店やブランド店の物だと特にそうです。捨てるにはもったいないし、いただき物をおすそ分けする時などの包装に使えると考えます。実際、そうした物をいただくと、おすそ分けであっても心がこもっているようで嬉しいものです。

しかし、これもまた、外国人には理解できないようです。捨てるとわかっている物をなぜそこまで丁寧に扱うのか。外国人の中にも、とっておく人はいるようですが、普通は捨てます。

外国人の場合、プレゼントをもらうと、たいていその場で包装紙をビリビリと破ります。だが、日本人にはこのほうが理解できません。プレゼントに込めた思いまで破られた気分になります。外国人にとっては、中身が一番の関心事です。早く開けて、それを手にして喜びたいと思います。このことが、日本人から見れば乱暴な開け方につながるようです。

日本の包装は文字通り包むことが中心です。しかし外国では、箱や袋に入れるほうが多いようです。それにリボンをつけたりしてプレゼントします。日本もそういうケースが増えています。

また、贈り物をあげる時に関しても、外国人の目には奇異に感じられることがあります。昔ほどではありませんが、今でさえ、「つまらない物ですが」と言って渡す人がいます。つまらない物ならなぜ人にあげるのだ、と外国人は考えます。また、その場ではなく、あとで開けると言う人もいます。昔ほどではありませんが、時々見かけます。これも外国人には不思議でなりません。喜ぶ顔を見たいからプレゼントをするのに、人によってはずいぶん失礼だなと思ったり、あるいはがっかりしたりするようです。

ところで、かつて日本では過剰包装が問題になりました。紙の無駄使いや、ごみが出ることによる環境汚染などが批判されました。それ以来、ビニール袋の普及もあって、昔のような過剰な包装は、贈答品でない限り今はあまり見かけなくなっています。

時代の先を行く手提げ袋

包装紙は品物を包む物ですが、それを運ぶ物としてあるのが手提げ袋です。買い物をすると、店側では商品を入れて渡してくれます。たいていは無料です。ただし中には、老舗のデパートのように、有料で別売りしているところもあります。

手提げ袋は、厚手の紙袋に、提げるための紙ひもがついています。

紙袋を最初につくったのはアメリカ人です。オハイオ州出身のリチャード・スティルウエルでした。それまでの紙袋と言えば、底の部分がマチ（幅）のないつくりで、立体的ではありませんでした。そのため床などに置いても立たず、寝かせて使うしかできなかったのです。それだけに彼が発案した自立型の紙袋は画期的でした。

スティルウエルは、1883年に機械で生産が可能な紙袋の特許をとりますが、実際に普及するのは1930年代に入ってからです。スーパーマーケットの登場により、需要が拡大したためです。

わが国には1923年に伝わりました。ニューヨークに駐在していた日本の商社マンがその紙袋を本国に送り、国内の製紙会社によって試作されたのが始まりです。その後改良が重ねられ、現在のような紙ひも付きの手提げ袋となりました。

百貨店でいち早く取り入れたのは三越です。1957年に誕生し、赤と青と紺の3色が縦にデザインされています。すぐに三越とわかるその袋を手にして街を歩くのは、当時の人たちには自慢だったようです。続いて伊勢丹がタータンチェックの柄の手提げ袋をつくり、他の百貨店や小売店もそれに続きました。

なお、三越と伊勢丹は長年使用してきた手提げ袋のデザインを最近、変更しました。57年ぶりにリニューアルした三越のそれは、友禅作家による友禅の柄をデザイン化した物で、一方、伊勢丹も55年ぶりに新しくしました。シンボルのタータンチェックはそのままに、色合いに変化をもたせたモダンなつくりになっています。

品物を運ぶ手段として、手提げ袋がそれまでの風呂敷にとって代わると、若者を中心にたちまちブームになり、1970年以降、次々におしゃれな物が生まれました。人によっては、有料であっても手にしたいほどの手提げ袋もあるようです。

今や、手提げ袋は、買い物をする側にとっては、便利さだけでなく、ファッション性からも欠かせない存在となっています。また、店側にとっては宣伝効果が大です。紙製の手提げ袋は製造に費用がかかりますが、それでも無料なのは、宣伝効果を期待するためです。広告塔の役目を果たしています。

手提げ袋にはビニール製の物もあります。有名百貨店でも、紙製の手提げ袋の他に、ビニール製の物を使っているところもよく見かけます。街中のブティックやセレクトショップでは、むしろビニール製の手提げ袋のほうが多い印象を受けます。

ビニールの袋と言えば、雨の日、デパートなどでは手提げ袋に雨除け用のビニールの袋をかぶせてくれます。こういうところはまさに日本的です。

第2章
ギフトと市場

業界を押し上げるカジュアルなギフト

戦前は、儀礼とは縁のないパーソナルギフトがほとんど存在しない時代でしたから、市場はお返しを伴う返礼型ギフトによって占められていました。

しかし、戦後、ギフト市場は大きく変化します。欧米のライフスタイルが入ってきたことによって、日本人の考え方そのものが大きく変わったことによります。

結婚にもその影響が現れています。戦前はもちろん、戦後もしばらくは見合い結婚が多数を占めていました。ところが徐々に恋愛結婚が増え始め、１９９５年の時点で、逆転します。その後も恋愛結婚は伸び続け、反対に見合い結婚は今日に至るまで減少を続けています。

個人の自由な考え方が表に出れば出るほど、それまで個を縛っていた儀礼に対する意識が薄らいでいくのは、当然と言えば当然です。昭和30年代頃からその傾向が進んでいったように思えます。

結果、返礼型ギフトが減少し、反対に、返礼を期待しないパーソナルギフトが盛んになっていきました。こうして戦前にはなかった市場が生まれることになったのです。それがパーソナルギフト市場です。

今、市場はパーソナルギフトに傾きつつありますが、かといって儀礼的ギフト市場がなくなったわけではありません。お中元・お歳暮の市場は減ってはいますが、極端なほどではありません。お中元、お歳暮のような、人とのつながりの中でどうしても欠かせない儀礼的なギフトだけは、変わらずに存続しています。

では、ギフト市場の規模を見てみましょう。

矢野経済研究所の調査によれば、2012年が9兆5955億円で、その後毎年、前年より1000億円~2000億円ずつ伸び続け、2018年には10兆4753億円（予測）に達しています。伸びが少ない年でも前年比は100・6%、多い年で102・2%です。小幅には違いありませんが、マイナスになることはなく、推移しています。

確かに儀礼的なギフトは時代の流れと共に減少傾向にあります。しかし、総合的に見れば、日本のギフト市場は拡大基調にあると言うことがここからもわかります。

その理由はパーソナルギフトが増えているからです。

ただし、これはカジュアルなパーソナルギフトのほうです。パーソナルギフトには2タイプあり、1つがフォーマルタイプ、もう1つがカジュアルタイプです。

フォーマルタイプにはお中元、お歳暮、お年賀、成人の日、七五三、入・進学、卒業、就職、結婚、出産、新築、引っ越し、長寿（還暦・米寿）、披露宴の引き出物、仏事（香典・法要）、内祝い、仏事返礼、快気祝いなどがあります。儀礼的な要素のあるものです。

カジュアルタイプには誕生日、結婚記念日、バレンタインデー、ホワイトデー、ひな祭り、子供の日、母の日、父の日、敬老の日、クリスマス、お土産などが含まれます。お返しを伴わない、相手に喜んでもらうためだけのギフトです。

２０１４年～２０１８年を見てみると、フォーマルのパーソナルギフトはどの年も前年割れをしています。１００％に１～３％欠けます。お中元、お歳暮に限っても同様です。

反対に、カジュアルなパーソナルギフトはどの年も前年を上回っています。3〜6%の伸び様です。また、法人ギフトも毎年前年を超え、約1〜5%伸びています。法人ギフトは景気回復感を受けて堅調に推移しています。

市場全体から見ると、2012年〜2018年（予測）はどの年も、それほどの差はありません。それぞれ10兆円を超えるかどうかぐらいです。違うのは、占める率です。最大がカジュアルのパーソナルギフトで、常に4割近くから5割近くを占めます。2番目がフォーマルのパーソナルギフトで、3割台半ばかその前後です。法人ギフトは2割台半ばです。

誕生日、結婚記念日、バレンタインデー、母の日、父の日のようなカジュアルなパーソナルギフトが、近年、ギフト業界の業績を押し上げていることがわかります。

お歳暮の贈り先にも時代の変化

お中元、お歳暮は儀礼的なギフトの代表ですが、その贈り先を見てみましょう。

アサヒグループホールディングスの2017年の「お歳暮ギフトに関する調査」によれば、

1位：自分の両親
2位：義理の両親
3位：親戚
4位：自分の兄弟・姉妹
5位：友人
6位：上司
7位：仕事上のお客さん
8位：義理の兄弟・姉妹
9位：先生（学校、習い事）・恩人
10位：仲人

贈り先のトップ4までが家族や親戚で、5位も友人です。

半世紀前の同じような調査では、両親や義理の両親、親戚はトップ3と同じでも、自分や義理の兄弟・姉妹、友人は10位内にも入っていません。3位以下はすべて、少しでもお世話になったり恩のある人によって占められていました。隣近所、店のお得意先、子供の学校の先生、習い事の先生、夫や子供の勤め先の上司や雇い主などです。

このことから、お歳暮を贈る相手はいつの時代も家族や親戚が中心だと言うことです。ただし、近年はその幅が広がり、自分や義理の兄弟・姉妹、友人まで及んでいることです。その分、お世話になったり恩のある人へのお歳暮が減っています。

ただ、この調査で1つ興味深いのは、仲人が10位に入っている点です。こればかりは昔からの習わしが今も生きているようです。

現代を反映する引き出物

結婚式の引き出物も、驚くほど変化しました。

ひと昔前まではとにかく大がかりでした。重く、かさばるものが主流で、それも品数が多ければ多いほど良しとされました。鯛の形をした砂糖菓子、缶入りサラダ油、陶器の大皿、名前入り置時計、タオルケット、紅白饅頭などなど。

この風習は戦後になってもしばらく続きました。披露宴に出たはいいが、重い引き出物を持って帰るのが大変、との声をよく耳にしたものです。

しかし今は、披露宴がすむと、新郎、新婦は友人たちと2次会、3次会に繰り出すのが普通です。そんな時、重くてかさばる引き出物は参加者にとっては邪魔になります。高齢者にとっても同じで、持ち歩くのが大変です。

カタログギフトが人気

このような背景もあり、近年はカタログギフトに人気が集まっています。リクルートマーケティングによる「ゼクシィ結婚トレンド調査2017」（首都圏）を見ると、それがよくわかります。

2011年～2017年の7年間、どの年も引き出物にはカタログギフトが60％以上を占めているのです。2015年、2016年は70％を超えます。2位はどの年も食器類ですが、カタログギフトの半分から3分の2程度です。3位はタオル・傘などの生活用品で、これは２０１１年から徐々に増え、２０１７年には20％を超えるまでになっています。４位はキッチン用品・調理器具の10％。それ以下は、インテリア用品・置物、文房具（ステーショナリー）、キッチン用品以外の家電製品で、５％を切っています。

カタログギフトを選んだのはなぜかと言う問いには、「掲載商品の品数が多い」が60％と最も多く、つづいて「幅広い年齢層にあった商品が掲載されている」「食品等いろいろなジャンルの商品が選べる」「センスの良い品物が掲載されている」が30～40％になっています。

かつての重くてかさばる引き出物は、もらう側の好みは考慮されていませんでした。そのためいただいても、それほど喜ばない人も多かったように思えます。

その点、カタログギフトはもらう側が自分で選べます。食品から日用雑貨までたくさんのアイテムが掲載されていますから、好きな物をチョイスできます。そこからチョイスカタログとも言われます。また、中込用紙に記入して投函するだけですから、この手軽さもうけています。

カタログギフトを検討する際に利用した情報源についても尋ねていて、なかなか興味を引かれます。情報源で一番多かったのが「SNS以外のインターネット」で、25％に達します。「結婚式場のカウンター」「ブライダルフェア等の催し物」「結婚情報誌」がそれぞれ10％台となっています。

また、「SNS以外のインターネット」を利用した人に、さらにその利用法を尋ねたところ、最も多かったのが「パソコンのサイト」と「スマートフォンのサイト」です。どちらも70％近くをいきます。

ここにも時代が色濃く反映されています。パソコンやスマートフォンに慣れ親しんでいる世代は、結婚式の引き出物を選ぶ際、サイトを利用するのはごく自然なことのようです。

なお、引き出物の購入先としては、「利用した挙式、披露宴・披露パーティ会場」が最も多くて半数を超え、「利用した挙式、披露宴・披露パーティ会場が提携しているショップ」「（利用した会場とは無関係の）外部のインターネット通販」がそのあとに続きます。

また、1人あたりの引き出物の金額としては、「3000円～4000円未満」が最も多く、そのあと順に「5000円～6000円未満」「4000円～5000円未満」となっています。平均は5000円でした。

カタログにもいろいろ

ギフトに関して、私たちの身近にあるのがカタログです。

この場合、ギフトカタログと呼べばいいのか、カタログギフトと呼べばいいのか迷うところですが、ギフトカタログと言った場合、それはギフト用の品々が掲載されたカタログであり、一方、カタログギフトは、それ自身がギフトになるカタログを指します。

ギフトカタログには2種類あって、1つが、業界の中だけでやりとりされる物、もう1つが一般の人を対象にした物です。消費者の目に触れるのは後者のほうです。

ギフト業界ではメーカーや問屋が独自のカタログをつくり、それをもとに商談を行います。あくまでも業界関係者のみに通用するカタログです。印刷技術の発達と、現品の代わりに持ち歩ける手軽さから生まれたものと思われます。

一方、一般のユーザーに向けてつくられるカタログにも2種類あります。

1つが、その中から顧客に選んでもらうためのカタログ、もう1つがそれ自身がギフトになるカタログです。先に述べたカタロググギフトです。

前者は店頭や、贈り物を専門に扱うギフトサロンなどに置かれます。たとえば百貨店では、独自のカタログを制作し、商品展開を図っています。食品のみ、食品と雑貨を合わせた物、ブライダル専用、弔事専用などのギフトカタログを独自につくっていたりします。また、ギフトカタログ専門のメーカーがつくるカタログを、ギフトサロンに置いているところもあります。

ギフトカタログに最も力を入れているのは、なんといってもギフトを専門とする問屋です。アピデ、アンシア、北日本物産、三喜、シャディ、東栄産業、ハーモニック、ハリカ、ひな鶴、藤田商店、マルキ、リンベル、ロワール、大和などがあります。

ギフト問屋でつくられる総合カタログは、年間の全取り扱い商品がカテゴリー別に掲載されています。分厚く、百科事典並みです。それをお中元用、お歳暮用、あるいは集約したものをカタログにして一般のユーザーに提供するなどしています。

その中身も最近は変わってきています。たとえば、これまでは巻頭の特集として、お勧めのギフト商品を紹介するのが多かったのですが、最近はギフトに関する大事なことや、流行の商品、暮らしの中で大切にしたいモノ、体験型ギフトの話題などを記事にするところが増えています。

カタログが単に商品の掲載に終わるのではなく、情報としての要素を盛り込むことで、消費者に対してより身近にカタログを感じてもらいたいと言う意図がそこにはあるように思われます。

流行のカタログギフト

ギフト業界にとって、今やカタログギフトは欠かせないものになっています。結婚式はその最たる例で、６割以上の人が引き出物に使っています。もらった人は、カタログに添付された用紙に、商品番号と送り先の住所氏名などを記入して申し込めば、商品が送られてきます。

カタログギフトが利用され始めたのは1980年頃からです。その背景には宅配便の普及があります。それまでは生鮮食品をギフトとして贈るのは困難でした。しかし、クール便ができたことで可能になり、普及が加速したのです。

カタログギフトはいろいろな場面で使われます。結婚式の引き出物の他にも、香典返し、法要・法事の返礼、出産祝い、快気祝い、新築・引っ越し祝い、入・進学祝いなど、例外がないほどです。それぞれにカタログを用意しているところもあります。そこには、既存の製品の他にも、カタログギフトのサービスを提供する企業などが独自に開発した商品なども含まれたりします。

さまざまな種類

カタログギフトには用途別、価格別、あるいは地域の名産品を集めた物、有名レストランや老舗料亭のグルメを集めた物、さらには体験型など、いろいろ用意されています。

用途別とは、たとえば引き出物用、内祝い全般の物、出産内祝いに限った物、グルメ専門の物、有名旅館やホテルでの宿泊に絞った物などです。低額から高額までいくつかのコースに分かれます。

価格別とは、たとえば、３０００円未満、３０００円～４９９９円、５０００円～９９９９円、１万円～１万９９９９円、２万円以上と言うように、あらかじめ価格設定がされていて、そのコースの中から選ぶ仕組みです。中身はそれぞれの価格に相当するものが掲載されています。一番人気なのは５０００円～１万円くらいのようです。

また最近では、５万円、10万円などの高額のギフトまで登場しています。これは両親へのプレゼントと言ったケースもありますが、たとえば高額不動産の契約者や永年勤続者への謝礼などに、多くの場合、活用されるようです。

体験型と言うのは、〝モノ〟ではなく〝コト〟を提供するギフトです。有名レストランでのランチやディナー、高級ホテルや旅館での宿泊、日帰り温泉、エステやスパ、ヨガなどのコースを用意し、普段、なかなか行けないような高級感のあるところで、くつろぎの時間を味わってもらおうとする、新しいタイプのギフトです。
また、両親、友人、上司などに贈るにふさわしい体験型ギフトを集めた物もあります。有名シェフのフレンチ、有名すし店でのランチ、ランチつきのクルージングなどです。

最近のカタログギフトはいろいろな面で凝ったつくりになっています。たとえば、単においしい物を載せるだけでなく、全国の地方新聞社とタイアップし、ご当地新聞が推薦する〝うまいもん〟を紹介したり、名の知られた雑誌とコラボして、全国の有名店の逸品を紹介したり、さらに子供にターゲットを絞った、絵本と見間違うようなカタログまであったりします。

カタログギフトが登場した頃は、ユーザーは数あるアイテムの中から1つだけを選ぶ楽しみに終始していました。しかし、ユーザーは飽きっぽいものです。だんだんとそれだけでは満足できず、そこでカタログを提供する側も、あの手この手でいろいろな企画をし、提供するようになりました。

カタログギフトは今後、定着していくものと思われます。

贈り物をする機会

私たちはどういう機会に贈り物をするのでしょうか。大日本印刷（ＤＮＰ）（「日常生活とギフトの実態状況に関する調査」（２０１６年６月、２０１７年２月）から見てみましょう。ここではギフトのタイプを３つに分けています。

１・シーズンギフト

２・ライフイベントギフト

３・カジュアルギフト

具体的に記念日を挙げると、

１のシーズンギフトには、お年賀、バレンタインデー、ひな祭り、ホワイトデー、イースター、こどもの日、母の日、父の日、お中元、敬老の日、ハロウィン、お歳暮、クリスマスが入ります。

２のライフイベントギフト、つまり、個人的な行事におけるギフトです。七五三、合格・入学、卒業、成人の日、就職、結婚、出産、結婚記念日、誕生日、新築・引っ越し、還暦・長寿が含まれます。

3のカジュアルギフトには、送別・餞別、帰省土産、手土産、旅行のお土産、季節のあいさつ、病気見舞い・快気祝い、日常的なプチギフトが入ります。

どれも私たちにはなじみのあるものばかりです。

こうして並べると、お返しを伴う返礼型ギフトが少なくなっていることがわかります。結婚、出産、還暦・長寿、新築、快気祝いぐらいでしょうか。

2016年の個人間のギフト市場は6兆2800億円にのぼります。そのうちライフイベントギフトは半分以上を占めます。残りをシーズンギフトとカジュアルギフトが分け合っています。シーズンギフトは1兆7360億円、カジュアルギフトは1兆1420億円です。18年前の1990年における個人間のギフト市場が7兆5520億円だったことと比較すると、今のほうが減っていることになります。

では、この中からどの記念日に贈り物が多いか、見てみましょう。

ダントツの値を示すのが「誕生日」です。1兆円にのぼります。次が「合格、入学祝い」で7000億円、この2つは特に目立ちます。

あとはお歳暮、結婚祝い、出産祝い、クリスマス、旅行のお土産、お中元が3000億円～4000億円、母の日のプレゼントと日常的なプチギフトがそれぞれ2000億円です。

1000億円台はお年賀、新築・引っ越し祝い、帰省土産、手土産、季節のあいさつ、病気見舞い・快気祝いで、残りはそれ以下です。バレンタインデー、ひな祭り、ホワイトデー、イースター、こどもの日、敬老の日、ハロウィン、七五三、成人の日、就職・内定、結婚記念日、還暦・長寿、送別・餞別などです。

「相手に喜んでもらうため」に贈るギフトとして一番多かったのも「誕生日」です。大事な人の誕生日には誰もがこぞって、心のこもった贈り物をすることが数字に示されています。

市場を変えたファンシーグッズ

ギフト市場に大きな変化が訪れるのはファンシーグッズが登場してからと言っても過言ではないでしょう。

ファンシーとはかわいいデザイン、かわいい形、かわいい色をしている、〝かわいい〟形態を言い、ファンシーグッズとはそれらの要素を持つ物すべてを指します。その代表がキャラクターグッズです。１９６０年代に始まり、70年代、80年代に多くのキャラクターが誕生しました。

日本における〝かわいい文化〟は突如、出現したわけではありません。その土壌は昔からありました。大正時代からです。竹久夢二、中原淳一、戦後では内藤ルネ、水森亜土、田村セツコといった、当時人気のイラストレーターの絵をあしらった文房具などが出回り、それを愛でる少女文化があったのです。いつの時代も、ファンシー、つまり〝かわいい〟は少女たちをとりこにしたのです。

ファンシービジネスとなると、その最初はグリーティングカードです。当時の日本には、年賀状を除けばカードビジネスそのものがありませんでした。反対にアメリカではすでにとても盛んでした。誕生日、クリスマス、復活祭などに、カードを贈る習慣があったからです。

もともとアメリカは文盲率が高く、文字の読めない人のためにお祝いの言葉が印刷されたカードがつくられていました。同国最大のグリーティングカードメーカー、ホールマーク社の代理店をサンリオが手がけ、その後、このカードビジネスは学研やサンエックスなどによってファンシーステーショナリービジネスへと発展しました。

1960年代初頭、サンリオはまた、「いちご」のデザインをあしらったポットやカップなどの雑貨を発売、ここから本格的なキャラクタービジネスが始まります。サンリオだけでも、「ハローキティ」「マイメロディ」「マロンクリーム」「リトルツインスターズ」などの人気キャラクターが誕生しました。特に、「ハローキティ」は1975年に発売されて以来、今でも高い人気を誇っています。

それより3年前の1972年にはアメリカから「ミッキーマウス」が日本に本格的

に紹介され、人気が沸騰し始めました。その年はパンダブームも起こっています。「パンダ」がぬいぐるみやマスコットキャラクターとして爆発的に売れたのです。「モンチッチ」が発売されるのも同じ頃です。

スヌーピーの場合はもっと早く、１９６８年に誕生。早くから日本にも紹介されていました。現在はソニー・クリエイティブプロダクツがエージェント権を獲得しています。チャールズ・M・シュルツによって描かれた『ピーナッツ』に登場するこのキャラクターは、半世紀たった今でも大人気です。

キャラクターグッズを売る店としては「キデイランド」が有名ですが、ここは１９５０年に原宿（東京）に店舗を構えたのが最初です。また、１９８３年には千葉県浦安市に「ディズニーランド」がオープン。１９９１年には「トイザらス」も日本に進出します。

ターゲットは10代の少女

キャラクターグッズを中心に、ファンシーグッズを購入する中心となったのは10代の少女たちです。その要因の1つに、彼女たちの生活の変化があったと言えましょう。

1970年代、80年代は、高度経済成長によって人々の生活にもゆとりが生まれました。それは子供たちも同じです。家に友だちを招いてお誕生日会などを開くようになりました。招待された子はプレゼントを持参しますから、そこに目をつけたのがファンシービジネスだったのです。企業の巧みなしかけに、少女たちはかわいさいっぱいのファンシーグッズを購入していきました。

キャラクター製品の人気が沸騰すると、それらを中心に扱う大小のファンシーショップがあちこちにできました。都内だと、〇〇商店街と呼ばれる中には必ず、何軒ものこの種のショップがありました。ちなみに、ファンシーショップのはしりは、サンリオが田園調布（東京）に出した「いちごの家」です。建物そのものがいちごの形をしていて、見るからに少女が好む造りです。そこでサンリオのファンシーグッズが専門に売られました。

「子供たちが欲しがっても買わないようにしましょう」

との声が親からあがったくらい、ファンシーグッズはブームになったのですが、その一方で、業界からは冷ややかな視線を向けられたことも事実です。「ファンシーは鮮度」と言われます。つまり、すぐに飽きられてしまうのがファンシーなのです。だから次から次に新しいキャラクターや関連商品が生まれます。そこで、ファンシーは〝不安視《ファンシー》〟だと揶揄されたのです。目新しかったり、キャラクターが人気の間は売れても、すたれてしまえば終わりで何の価値もない。流通から見れば、そういう商品は不安だから〝不安視〟であると。まるでだじゃれです。

華やかな市場の裏で、ファンシーはそういう認識で見られてもいたのです。

中には、今でも好まれているキャラクターも数多くあります。

キャラクター商品が出回り出した頃は、絵がかわいいことで人気が出て、ある程度売れたりする物もありましたが、今の時代はそれはかなりむずかしいと言えます。成功させるには、それ相応の舞台が必要です。

たとえば、あるキャラクターをボールペンにつけて売り出そうと思っても、文房具コーナーで扱ってもらうくらいでは人目につきません。それに特化したイベントやテーマパークでのしかけ、あるいはメディアとのコラボレーションなどが重要になってきます。その意味から、資本力のある大手企業でないと、キャラクタービジネスを成功させるのはむずかしいのが現実です。

ライセンサーとライセンシー

今やキャラクタービジネスはライセンスビジネスとも言えます。それを担うのがライセンサーとライセンシーです。

一言で言えば、ライセンサーとは、〝キャラクター〟を開発した側を言い、ライセンシーはそれを使う側を指します。その際、特許ライセンスを有しているライセンサーは、ライセンシーに商品の使用を許可する代わり、代価としてライセンシーから著作権使用料であるロイヤリティを受け取ります。ここで初めてライセンシーはライセンサーが有する名称、ブランド、ロゴなどを使用できます。こうして人気のキャラクターが、いろいろな商品につけられて市場に出回ります。

ただし、人気のキャラクターでさえ、ライセンシーが独自で商品展開をするのはそれほどたやすいことではありません。そこでライセンサーがライセンシーの商品展開を手助けする場をつくることもあります。従来は、ライセンシーが独自の努力によって市場を開拓していましたが、その形にも変化が生じています。

キャラクターは、かわいければ売れる、と言うものでないことはもうおわかりかと思います。確かに一時的には人気になったりする物もありますが、長続きはしません。なにしろ購買層は移り気な若い女性です。その彼女たちの心を捉え、ヒットするのは並大抵ではありません。残るのは一握りです。たいていは陽の目を見ないまま消えていきます。そういう中で長く人気を集めるキャラクターは、企業の長年に渡る緻密な戦略のたまものと言えます。

キャラクターをヒットさせるには確かに資本力がものを言います。しかし、それが絶対かと言えば、けっしてそうではありません。「ギフト・ショー」がそのことを物語っています。「ギフト・ショー」に出展し、業界の人々に披露することで、人気が沸騰したキャラクターも数多く存在します。サンエックスが開発した「リラックマ」はまさにその代表です。今や、子供だけでなく大人の女性の間でもはやっています。

「ギフト・ショー」ではいろいろな業種のバイヤーがやってきます。そこが「ギフト・ショー」の大きな特徴であり、出展者が期待を寄せるところです。自分たちの商品に目を留めてくれるバイヤーがいるかもしれないのです。目に留まれば商談となり、ビジネスチャンスへと広がります。リラックマは、まさにこうして生まれたキャラクターなのです。

サンエックスは文具メーカーですが、キャラクタービジネスにも熱心で、初期の頃から多くのデザイナーを雇い、キャラクターの開発に取り組んできました。リラックマはその長年の努力の末に誕生したキャラクターだったのです。

市場が注目するアニメ

１９６０年代から始まったファンシービジネスですが、それも時代と共にその勢いは衰えていきました。

背景には、購買の中心だった女の子たちが成長し、大人の女性になっていったことが考えられます。あれほど夢中だったファンシーな物からだんだん離れ、自分を飾る大人のアクセサリーなどに志向が移ったことが要因と思われます。今ではファンシーと言う言葉自体、ほとんど聞かれません。少女たちに、「ファンシーって何か知ってる？」と尋ねても、答えられる子はいないでしょう。

ただし、今は、そういう大人をターゲットにキャラクター商品を開発しているところもあります。子供の頃キャラクターで育ったことから、再び買ってみたいと思う大人の女性に向けてです。有名デザイナーを登用するなどして、幼い頃馴染んだキャラクターの一部を大人向けのデザインに変えています。

ただし、キャラクタービジネスそのものは、今も健在です。王道の「スヌーピー」、「ミッキーマウス」を始めとするディズニーもの、「ハローキティ」などは変わらず高い人気を誇っています。

ところで、キャラクターを好む女性はいつの時代も10代が中心ですが、今はその層が広がっているように感じます。市場調査によれば、女性の10代のほとんどがキャラクター好きで、20代もほぼ同じです。驚くのはそれ以上の年代です。30代40代でさえ7割、50代でも半数の人がキャラクターが好きだと答えています。子供の頃キャラクターで育った女性たちが再びキャラクターを愛好する姿が見てとれます。これだけの支持層がいる限り、キャラクタービジネスはまだまだ活発に続くと思われます。

しかし、現在は、それに並ぶ存在が登場し、市場を席巻しています。アニメです。イメージ的には、キャラクターは子供が好むもの、アニメは〝オタク〟が好むものと、かつては見られた感があります。しかし、今やその境がなくなってきています。アニメファンは〝オタク〟に限らなくなっていますし、キャラクターも若い女の子に限定されなくなっています。

アニメビジネスは今後ますます盛んになるでしょう。

ネット通販の今

近年はギフトを購入するにも、通販(通信販売)を利用する人が増えていて、市場の伸び率は上昇を続けています。矢野経済研究所の2015年からの調査を見ても、2017年まで毎年4~5%伸びています。2018年には2兆円の大台にのせ、予測ではギフト市場全体の2割に達しようとする勢いです。市場拡大の連続記録は17年を数えます。

百貨店、GMS（大型スーパーマーケット）、スーパーマーケットの売り上げが、軒並み前年割れを起こしているのに対し、通販は着実に売り上げを伸ばしています。

通販とは、店舗ではなくメディアを通して自社の商品を展示し、そこにアクセスした消費者から通信手段で注文を受け、商品を販売する方法です。これにはテレビやラジオ、カタログ、新聞の広告やチラシ、インターネットのウェブサイトなどがあります。最近はインターネットや携帯電話の普及によって、通販と言うと、それらのウェブサイトでの販売を指すこともあるほどです。

中でも2大大手が「アマゾンジャパン」と「楽天市場」です。商品を豊富に揃え、お中元やお歳暮はもとより、各行事や記念日に合わせて、ギフト需要を取り込むためのプロモーションをきめ細かく実施しています。

今やウェブサイトでの通販はどの媒体にも脅威の存在です。対面販売を中心に据えてきた百貨店でさえ、ネット通販に乗り出しています。お中元・お歳暮では3000

円〜5000円、パーソナルギフトでは2000円〜3000円を価格の中心に据えています。中にはネット売り上げの内90％以上をギフト需要が占めるところさえあります。百貨店ならではの高品質の品揃えが特徴です。

コンビニ、スーパーも進出

ＧＭＳやコンビニエンスストア、スーパーマーケットもネット通販でギフト商品を扱っています。低〜中の価格帯で、メーカーがつくる従来のＮＢ（ナショナルブランド）の商品が豊富な点などを特徴にしています。

ネット通販ではまた、単に商品を売るのではなく、ネット通販限定の優待割引ギフトや、カード会員限定の割引サービス、お中元・お歳暮の早割サービスなどを用意し、販売促進の取り組みを図ったりしています。

一方、ネット通販より早くからあるのがカタログ通販とテレビ通販です。カタログ通販には千趣会、ベルーナ、ディノス・セシール、ニッセンなどが、またテレビ通販にはジュピターショップチャンネル、ＱＶＣジャパン、ジャパネットたかたなどがあります。

カタログ通販とテレビ通販のギフト需要は縮小傾向にありますが、反対に、インターネット通販はこれらも需要が伸びるものと予測されます。実際、インターネット通販が全体を押し上げる形で市場が拡大しています。この傾向はこれからも続くものと見られています。

広がりを見せるソーシャルギフト

ギフト業界に最近、登場したのにソーシャルギフトがあります。

ソーシャルギフトとは、インターネットで購入したギフトをＳＮＳやメッセンジャー、Ｅメールなどを通じて贈るギフトのことです。住所がわからない相手にも贈れるところに大きな特徴があります。

ＳＮＳはソーシャル・ネットワーキング・サービスの略で、スマートフォンやパソコン用のウェブサービスのことを言います。

また、メッセンジャーは、ネットにつながっている相手に、簡単にメッセージを送る仕組みのことを指します。相手が今、ネットにつながっているかが一目でわかり、そのままチャットできるところに電子メールとの違いがあります。

ソーシャルギフト市場はスマートフォンの普及により２０１２年頃より活発になりました。商品券のような紙券、プラスティックカード（ＰＥＴカード）などのギフト券事業者の参入も増えています。

ソーシャルギフト市場の規模はギフト市場全体から言えばまだわずかで、２０１６年を見ても１％にも達しません。２８５億円です。ところが前年比１７１・７％と大幅な伸びを見せているのです。２０１８年の予測でも、前年比１３４・６％と大きく、この傾向は今後も続くものと予想されます。

ギフト市場におけるソーシャルギフトの存在は今はまだ低いのですが、確実に広がっていることは事実です。

伸びを示すノベルティ市場

今やSP（セールスプロモーション）市場は10兆円規模になると推測されます。SPとは、キャンペーンなどを利用して、消費者の購買意欲や流通業者の販売意欲を引き出す取り組み全般を言います。

SPがキャンペーンとして登場したのは昭和30年代後半です。広告による宣伝効果が低下し、消費者が広告で知ったから買う、と言うことがなくなってき出したことにより登場したものです。これがいわゆるプレミアム・キャンペーンで、景品つき販売や懸賞つき販売を指します。簡単な例では、ビールを売りたいがためにコップのおまけをつけることなどです。

販売活動の媒体としては、1位がテレビ、2位がインターネット広告で全体の半分を占め、他に、新聞広告、折り込みチラシ、DM、屋外広告・展示会・イベント、雑誌、フリーペーパー・マガジン、交通機関広告、POP、その他があります。この

「その他」が示すのがノベルティです。全体の4・6%を占め、比率としては雑誌よりも上をいっています。

ノベルティは販売促進のための進物広告とも景品広告とも呼ばれるものです。人が普段使う物に、会社や商品の名入れをして顧客に無料で配る広告方法を指します。

カレンダー、手帳、名刺入れ、キーホルダー、置時計、ライター、マッチ、タオル、うちわ、扇子、ボールペン、ティッシュペーパーなどの従来の物に加え、モバイルアクセサリーセット、ACケーブルホルダーセット、防災グッズ、エコバッグ、オリジナルプリントのお米、マルチ充電器、プリントウォッチなど、時代に即した物も数多く登場しています。

ノベルティ市場の規模は数年前まで3000億円でした。しかし今は5000億円と、大幅な伸びを示しています。言い換えれば、企業はノベルティに5000億円を使っていると言うことです。SP市場において伸びているのは、インターネット広告市場とノベルティ市場だけです。

ノベルティグッズの価格は、ボールペン、付箋、カードルーペのような50円以下の物から、バスタオル、本革トレイ、本革コインケースのような1000円以上の物までいろいろあります。

もらって嬉しいノベルティグッズを見てみると、2018年における100人を対象にした市場アンケート調査によれば、1位がボールペンで約半数、2位が卓上カレンダーで2割強、3位がメモ帳で2割弱、そのあとパスケース、カードケース、キーホルダー、スマホケース、ノートと続きます。

4割以上の人がボールペンを一番に挙げています。いくらあってもいいと言うのが理由のようです。上位には使用頻度の高い物がきています。デザインにこだわらず、消耗品として使える物が喜ばれているようです。

では、以前はどのような物がノベルティに使われていたのでしょうか。1991年のわが社主催の「第3回プレミアム・インセンティブショー」で、546人の来場者を対象にしたアンケート調査があります。「あなたが最近1年間でもらったサービスは何ですか」との問いに、1位がティッシュでダントツでした。それに続くのがボールペン、少し下がって3位がテレホンカードでした。

現代でも依然として人気の物もあれば、そうでなく消えてしまった物もあり、ここにも時代が反映されています。

SPにおけるインセンティブ

SP（セールスプロモーション）の一環として、「インセンティブ」があります。日本ではプレミアムと同じ意味で使われたりもします。

インセンティブとは、やる気をおこさせる刺激や動機づけを言います。報奨や特典を示すことによって、社員や販売店、販売員の士気を高めることを目的にしています。

一番多いのが売り上げに関してです。何台売ったから、あるいはどのくらい数字を上げたから褒美を与えるといったようなことで、これを「セールス・インセンティブ」と言います。他に、皆勤賞を意味する「アテンダンス・インセンティブ」や、仕事のし具合を評価して与える「ジョブ・パフォーマンス」があります。

インセンティブの内容としては、金銭、旅行招待、品物、名誉などがあります。中でも注目されるのが旅行招待です。トラベルインセンティブと呼ばれます。また、インセンティブの手法としては、チャンネルインセンティブ、ユーザーインセンティブ、社員インセンティブと3つのタイプがあります。

チャンネルインセンティブは、販売代理店の売り上げ増や連帯強化を目的として行われます。ディーラー対象旅行、販売店対象旅行、国内海外研修視察旅行、全国大会招待旅行、セミナー・イベント招待旅行、代理店インセンティブ旅行などです。

ユーザーインセンティブは消費者が対象です。ブランドイメージの向上やファンづくりを目的としています。キャンペーンのプレミアムとして行われるプロモーションツアーがメインで、消費者招待ツアー、消費者優待ツアー、共同懸賞ツアー、オープン懸賞ツアーなどがあります。

社員インセンティブは自社の社員の育成や動機づけを目的として行われます。営業成績報奨旅行、永年勤続旅行、定年退職旅行、職場旅行、創業・周年旅行、新入社員（研修）旅行などです。

ところで、ＳＰが始まった昭和30年代後半頃は、プレミアムをつけたキャンペーンもピークにありました。インスタントラーメンで１００万円、ウィスキーでハワイ旅行、家電製品で1戸建て住宅、50円のチューインガムで１０００万円、商店街では1万円札のつかみどりなど、びっくりするような景品がつけられたりしたのです。当時の貨幣価値から見ても、夢のまた夢のような超ビッグなプレミアムがあちこちで見られました。

そこで国は一定の歯止めをかける政策に出たのです。１９６２年（昭和37年）に、「不当景品類及び不当表示防止」（景品表示法）を制定したのです。以後、景品には最高額が設けられ、違反者は罰せられることになりました。この法律によって今は過剰な景品を見ることはありません。

ところで、欧米は日本に比べ、インセンティブ旅行を活用した販売促進が盛んです。インセンティブ旅行の企画・演出を専門に行うインセンティブハウスとよばれる企業さえ存在します。

第3章
ギフトと流通

わが国独特の問屋

わが社のある浅草（東京）を含む下町周辺は、問屋が集まっていることでも知られます。蔵前・浅草橋にはおもちゃ問屋、人形町には人形問屋、馬喰《ばくろ》町・横山町には衣料品問屋、かっぱ橋には道具問屋など、それぞれ特色のある問屋が軒を連ねています。

これほど問屋があるのはわが国くらいです。外国ではほとんど見かけません。アメリカやヨーロッパでは、しいて言えば、ディストリビューターやセールスショップがそれに近い存在です。また、中国もまったくないわけではないのですが、やはり非常に少ないと言えます。

アメリカの場合、移民してきた人々が町をつくり始めた頃からあるのがドラッグストアです。ここでは暮らしに必要な物がすべて揃っていました。食料品も衣料品も文房具もお酒も、クリスマスカードでさえ、同じ店で購入できたのです。今のコンビニエンスストアと似ています。アメリカではすでに異業種の品物が集まった業態融合のマーケットができあがっていました。

ところが日本は違っていたのです。業種ごとに店が分かれていました。酒屋は酒だけ、衣料品店は衣料品だけ、おもちゃ屋はおもちゃだけ、文房具店は文房具だけと言うように、店では1つの業種しか扱っていなくて、そのため必要な物をすべて揃えるには、買い物客は何軒もの店を回らなければなりませんでした。

スーパーマーケットやコンビニエンスストアがあたり前のように身近にある今の若い人にとっては、想像すらつきにくいかもしれませんが、それ以前はこのような小さな店が商店街を形成し、あるいは街中にぽつぽつとあって、人はそこで買い物をしていたのです。

この違いをつくっていたのが問屋でした。

問屋のチカラ

問屋は一般消費者と接触する機会がないので、どういう仕事をしているのかよくわからないと言う人も多いようです。しかし、日本の流通を支えてきたのは問屋ですし、問屋を知ることはギフト業界を知ることでもあるので、まず最初に問屋についてお話ししておきたいと思います。

問屋とは一言で言えば、メーカーなどから商品を仕入れ、最終消費者以外に対して販売を行う流通業者のことです。いわゆる卸売商です。

その歴史は古く、鎌倉時代に生まれ、一般に問屋と呼ばれるようになったのは江戸時代とされます。また、商品ごとの卸売業が盛んになるのも江戸時代で、１６９７年（元禄10年）にはすでに、問屋の数は８２６軒、業種も62種類にのぼっていたと、文献に記されています。

こうして流通の世界はメーカーと小売店の間に問屋が介在する、わが国独特のシステムができあがっていきました。多くの業種において、メーカー、問屋、小売店を結ぶ縦割りの流通構造がつくられていったのです。

問屋がコントロール

大型スーパーマーケットやコンビニエンスストアが登場してから流通の世界はがらりと変わるのですが、それ以前は、小売店と言えば、中小の家庭経営の店が中心だったのです。

こういう店は経営基盤が脆弱な上、インターネットもない時代ですから、メーカーの情報がなかなかつかめません。しかし、問屋にはその種の情報が集まります。そこで、問屋が小売店の商品構成まで担ったり、あるいは銀行に代わって小売店に融資をしたり、また、メーカーに対しても、商品をつくる際、数量や販売ルートを指示するなど、問屋はメーカーと小売店の両方をコントロールしていました。メーカーに対しても小売店に対しても大きな力を持っていたのが問屋だったのです。

「そうは問屋が卸さない」

この言葉はまさに、問屋の力を示しています。江戸時代より卸売の値はすべて問屋が決めていて、店側の望む値では、問屋は商品を卸さない、と言う意味です。そこから派生して、今は、勝手な要求を出しても相手はそのとおりには動いてくれない、との意味で使われます。

この言葉に表れているように、問屋は昔から非常に大きな力を持っていたのです。

栄えた返礼型問屋

問屋が力を持っていたことはギフトの世界でも同じでした。

ギフト業界では問屋は大きく2つに分かれます。1つが冠婚葬祭の贈答品を扱う返礼型問屋。もう1つがそれ以外のギフト商品、いわゆるパーソナルギフトを専門に扱う問屋。これにも前売り問屋とルートセールス問屋があります。

パーソナルギフトは、誕生日や母の日など、お返しを期待しない、相手が喜んでくれるためだけに贈るギフトのことです。ただし、厳密に言えば、これはあくまでも贈る側がその意図を持って使う時や、あるいは、店側が「母の日のプレゼントに」など目的をもって売り出す時に、初めてそう呼ばれる物です。普段店頭に並んでいる時は一般品にすぎませんから、パーソナルギフトとは呼びません。

裏を返せば、ありとあらゆる商品が用い方しだいでパーソナルギフトになると言うことです。贈り物にする、と言う付加価値がついた瞬間から、それはパーソナルギフトになります。その意味から、返礼型問屋と区別するために、その対極にあるものをパーソナルギフト専門の問屋としました。

返礼型問屋は戦前からありました。と言うより、昔は、ギフト関係の問屋はすべて返礼型問屋と言ってもいいくらいです。

なぜなら、戦前は、今日のようなパーソナルギフトを贈り合う習慣が日本人にはなく、贈答と言えば、ほとんどが儀礼的なものだったからです。当然、問屋もそういう商品を扱うところばかりでした。他には、企業が使う販売促進用のおまけを専門にした問屋があるくらいでした。これらは、主に個人事業主が経営していたのです。

戦後すぐの頃より、問屋はだんだんと会社組織に移行していきます。東京オリンピック（1964年）や日本万国博覧会（1970年）を契機に高度経済成長に突入したことによります。これによって企業販促、いわゆるSP（セールスプロモーション）や各種贈答の需要が大幅に伸びたのです。そこで、繊維品、カレンダー、うちわ、喫煙具、文房具類などの専門の個人事業主が会社組織としてギフトの取り扱い品を多くし、それが今日のギフト総合問屋へとつながっていきました。

ただし、ギフト総合問屋と言っても、シャディやハリカのようなチェーン展開をしているところは、一般のギフト総合問屋とは異なります。チェーン店をまとめる本部と言ったほうが合っているかもしれません。シャディであれば、フランチャイズ契約を結んでいる「サラダ館」のようなグループ店を中心に、あるいはハリカであれば全国にある直轄代理店や直営店を中心に卸しているからです。この点では、コンビニエンスストアとよく似ています。

ちなみに、シャディの「サラダ館」や、ハリカの直轄代理店や直営店は近くに百貨店がないところに店を構え、地域に密着したビジネスを展開しています。おのずから地方に多く、都内でも都心から離れたところです。百貨店まで足を運べない客層を取り込むためです。

返礼型問屋の今

昔は少しでも恩があったり世話になったりした人には、こまめに贈り物をするのが常でした。また、冠婚葬祭には必ずと言っていいほど、返礼が伴いました。それを欠くと人とのつきあいに支障が生じたりすることから、人はそうならないように、お中元やお歳暮、冠婚葬祭の返礼など、古くから伝わる慣習をずっと守ってきました。

この時のギフトは「答」ギフトと呼ばれるものです。これは数がまとまります。たとえば香典返しも、1つ2つを頼む人はいませんから、まとめて注文ができます。結婚式の引き出物もそうです。

この点、「贈」ギフト、いわゆるパーソナギフトは、1つ2つから頼むことになるため、業務の手間がかかります。しかも、利益はそれ相応です。

つまり、答ギフトの需要が多い時は、それを専門とする返礼型問屋は潤うことになりますが、反対に需要が減ると、経営難にさえなりかねないと言うことです。返礼型問屋業界は今、その問題に直面しています。

その最大の要因は、戦後になり、人々の間から儀礼的な贈答の慣習が薄れたことです。結果、答ギフトを贈る機会が少なくなったのです。

また、人口減少もあります。人口が少なくなれば、おのずから、儀礼的な贈り物も数が減っていきます。それだけ返礼型問屋への注文が少なくなります。

一方、反対に、売り上げを伸ばしているのが、お返しを期待しないパーソナルギフトです。第2章で述べた通り、それは数字にもはっきりと表れています。

返礼品を中心に扱う問屋は、ここ30年の間にずいぶん減りました。そこで返礼型問屋の中には、パーソナルギフトも扱ったり、また、それまで倉庫だったところをショップに改装してパーソナルギフトの商品を並べるなど、生き残りを図ったりしています。あるいは、カタログギフトやネット通販を手がけるなどして、顧客の幅を広げようとしているところもあります。

この先、返礼型問屋はどう時代に対応していくのか、市場も注目しています。

前売り問屋とルートセールス問屋

一般に卸売業には、店舗を持つ前売り問屋と店舗を持たないルートセールス問屋があります。

前売り問屋とは、その名の通り店の前に商品を並べ、訪れた顧客に売っていたことから、そう呼ばれるようになった問屋です。

ただし今は、そのようなやり方はとっていません。なぜなら来店する客の中には一般の人も紛れている可能性があるからです。それでは大事な顧客である小売店の商売を妨害することになります。そのため今は、厳格な登録制をとり、審査した上で適当と認めた事業者にのみ許可を与え、入店できるようにしています。

そういう前売り問屋は、「小売はしません」「一般消費者への販売は固くお断りします」と表に張り紙をしているので、すぐにわかります。なお、そういう張り紙がなく、店の前にワゴンを出してどの客にも販売するところは前売り問屋とは呼ばず、小売店に属します。

前売り問屋の最大手と言えば、馬喰《ばくろ》町にあるエトワール海渡です。自社を総合卸商社と言うように、ファッション衣料から雑貨、食品に至るまで約3500社から調達した商品を約2万店の小売店に供給しています。扱う商材は70万SKU（在庫最小管理単位）にものぼります。ここに登録を許可された小売店が全国からやってきます。そして、お金を払い、商品を持ち帰る、いわゆる〝Ｃａｓｈ＆Ｄｅｌｉｖｅｒｙ〟方式で仕入れていきます。

顧客は、小規模な個人商店から、支店を多く持つチェーン店や、ホテルや施設の売店に至るまで多種多様です。現物をその場で現金決済する方法が主流ですが、現在は、クレジット他、多様な精算手段にも対応しています。

一方、ルートセールス問屋は店舗を持たず、営業マンが小売店を回って商品を納める問屋のことです。店舗を構えて卸をする前売り問屋とはこの点が違います。

ルートセールス問屋は、新規の顧客を開拓すると言うより、従来の得意先を相手に卸すことのほうが多いと言えます。取引先に配送を兼ねて巡回し、その際、定期的な注文や新たな注文を受けます。またそれに付随して、商品の陳列や在庫の指導など、コンサルタントに近いサービスを行うこともあります。

返礼型問屋が冠婚葬祭の返礼品や、お中元・お歳暮の商品を扱うのに対し、前売り問屋もルートセールス問屋も、中心はあくまでもパーソナルギフトです。返礼型問屋が扱うような儀礼的な商品はまったくないわけではないのですが、ほんのわずかです。

ただし、前にも述べた通り、前売り問屋もルートセールス問屋も、それをギフトとして揃えているわけではありません。あくまでも店側や消費者側がそれをギフトに用いるかどうかです。用いれば、その瞬間からパーソナルギフトになります。そういう商材を前売り問屋やルートセールス問屋が扱っているのです。

産地問屋とは

今でこそあまり聞かなくなりましたが、かつて産地問屋と言うのがありました。特定の地域に同一業種の中小零細生産者が産地を形成している場合、そこで製品を収集し、生産者に代わって販売業務に当たる問屋のことです。昭和30年代後半から昭和60年代にかけてできたもので、産地から運んだ製品を都市部の問屋や小売店に卸していました。

ただし、問屋とは言っても、返礼型問屋や前売り問屋とは形態が違います。むしろ産地業者グループと言ったほうがいいかもしれません。陶磁器、漆器、金物などの各産地の業者がそれぞれ得意とする商品をお互いに供給しグループ化したものだからです。類似品での競合を避けるため、同じ産地からは1社の参加を原則としました。そのため、50とも60とも言われる数多くのグループが全国にできました。

ギフトを扱う小売店にとっては産地問屋は便利な存在でした。それぞれ専門のメーカーがつくった製品ですから、そこから仕入れるだけで店頭に並べることができたからです。

産地問屋は熱海（静岡県）などの温泉地で顧客を集めて宴会をやり、展示会を開いて大量注文をとったりしていました。私も専門誌の記者としてよばれたことがありますが、大広間にずらっとお膳が並び、それは豪勢でした。

しかし、そんな産地問屋も残念ながら少なくなりました。

理由としては、都市部の問屋や、小売店までもが産地のメーカーと直接取引をし出したことです。産地問屋を経由しないので、それだけ安く仕入れられます。

また、経費がかかりすぎたこともあるようです。都市部に運ぶまでの運送費や、温泉地での接待費などを入れると、採算がとりずらくなったことも要因の1つにあると見られています。

問屋を利用する理由、しない理由

小売店はどこから商品を仕入れているのでしょうか。

1つが問屋からです。すべての商品を同じ問屋から仕入れているところもあれば、複数の問屋からそうしている場合もあります。あるいは、ネット問屋を利用しているケースもあります。

ネット問屋は、近年、市場に登場した問屋です。インターネットで問屋業を営んでいます。会員になって初めて商品の卸価格を知ることができる仕組みなので、サイトに入るには登録が必要です。一般の消費者は排除されます。審査の上、許可されれば会員となり、取り引きが可能になります。

ネット問屋は店舗がいらないため効率が良く、市場で最近急速に伸びています。

ではなぜ小売店は問屋を利用するのでしょうか。

最近流行の〝ライフスタイル提案型〟の店舗の場合、扱う商品は1業種に限りません。いろいろな業種から成っています。そのため、それらを一括して取り扱っているところから仕入れたほうが効率がいいと言うことになります。

あるいは、なじみのない土地で店舗を持とうとする場合、その土地の流通に強い問屋を利用することで店づくりが容易にできると言うメリットもあります。

問屋は百貨店にも入っています。いわゆる百貨店に強い問屋です。それも伊勢丹に強いとか、高島屋に強いとか、あるいは阪急に強いとか、独自のルートを持って、取引をしています。同様に量販店専門の問屋もあります。

ひと昔前までは、メーカー、問屋、小売店と言う流通システムは揺るぎないものとしてありました。しかし、それも今は大きく変わっています。大型スーパーマーケットやコンビニエンスストアの登場によって、卸の形そのものが変わったからです。

かつてのような狭い分野しか扱わない問屋では、いろいろな業種の製品が1つの店の中に並ぶこれらの小売店にはとうてい対応できません。食品なら食品と言う大きなくくりで卸す専門分野の統合問屋が生まれたのも、このような背景があります。

また、大型スーパーマーケットやコンビニエンスストアは独自の流通ルートを作り、各店舗に本部から商品を供給すると言う、新しい流通システムを生み出しました。

また、ユニクロのように、自社の店舗で販売する製品を自ら製造する、ＳＰＡとよばれるメーカーでもあり小売店でもあると言う企業が出てきたのも、近年の大きな特徴です。ここには問屋はまったく介在しません。

とは言っても、依然として問屋が大きな力を持っている業界も存在します。たとえば文具や玩具です。とりわけ文具の世界では問屋の力が強く、今も問屋を抜きには商売ができない仕組みになっています。

ギフトで救え

ここまで問屋についてお話してきましたが、夫と私が今から46年前に「ギフト・ショー」を開いた最大の目的は、実は問屋を通さない新しい流通システムをつくることにありました。

そこで、ここからは「ギフト・ショー」を通じて、ギフト業界がどう変わっていったか、お話しようと思います。

「ギフト・ショー」を行うまでに、私たちが最初に手がけたのは出版社を興すことでした。出版社と「ギフト・ショー」がどう関係あるのかと思われるかもしれませんが、実はこの2つは密着しています。

欧米ではすでに長い歴史を持つ見本市がいくつもあって、そのほとんどが主催者は出版社なのです。出版社だと、ギフトに絞った雑誌を発行することができます。ギフト関係のメーカー、問屋、小売店を訪ね、取材して記事を掲載すると同時に、広告や「ギフト・ショー」への出展をお願いできます。また、出版社にはギフトに関する業界の情報も多く集まります。すべてギフトに特化していますから、「ギフト・ショー」を開催しやすいのです。

夫と私は大学の同級生でした。彼は卒業すると貿易通信社に、私は法律書などのお堅い本を出版する会社にそれぞれ勤めました。しかし、どちらもそれは望んだような就職ではなく、このことが結果的に「ギフト・ショー」へとつながっていくことになります。

出版社を立ち上げる決意

大学を出た昭和30年は、私たちにとって不運な年でした。朝鮮動乱が落ち着き、少し前にテレビ局ができるなどして、いい就職先は皆、その時の卒業生にとられてしまっていたからです。少し遅れたばかりに望む就職先がなかったのです。夫は文章を書くのが好きだったので、そこからなんとか見つけたのが先の出版社でした。私の場合はもっとひどくて、なにしろ女性が就職するのは大変困難な時代で、大学の恩師に紹介してもらって、ようやく職にありつけたような状況でした。

望むような就職ができなかったことで、夫はいつか自分で事業を興そうと決めていました。零細企業に就職することは、独立しろと言う命令だと受け取っていたのです。

私たちは決心し、出版社を立ち上げることにしました。これなら二人ともそれまでやってきて慣れていますし、なにより人の役に立てると思えたのです。

そう考えたのには理由があります。世の中の動向です。

当時の日本は、戦後復興が進み、高度経済成長のまっただ中にありました。実質経済成長率が10％を超えると高度経済成長と言われますが、昭和30年代の半ばには10・9％と予想をはるかに上回り、その高い経済成長率を背景に経済大国の道に歩み出していたのです。

とは言え、日本は鉱工業資源の乏しい国ですから、これらは輸入に頼らざるをえません。それには外貨を稼ぐことが必要でした。そこで国は輸出を奨励しました。ただし、現在のように、自動車や鉄鋼、半導体などの電子部品が輸出のトップをいく時代ではありません。中心は軽工業製品、なかでも玩具、喫煙具、金属洋食器、刃物、木製品、漆器、陶磁器などの生活雑貨です。

アメリカは自国では雑貨を生産せず、輸入していました。そのためこの種の生活雑貨が日本の輸出産業を担い、外貨を稼いでいたのです。日本は工業大国とばかり思っている人も多いでしょうが、実はこういう時代もあったのです。

致命的な打撃

ところがここに異変が起こります。

特恵関税の制度が欧米に導入され、これによって日本の輸出産業は大打撃を受けることになったのです。特恵関税とは、開発途上国の輸出による所得の増大と経済発展の促進を目的に、先進国が途上国に対して一般より低い税率をかける優遇制度を言います。その結果、発展途上国から欧米に安い日用雑貨の製品が入ってくることになったのです。

これは日本の雑貨産業にとって致命的でした。これまでのような輸出ができなくなることを意味したからです。また、円高が進んでいたことも追い打ちをかけました。

雑貨を扱っているのはほとんどが中小零細企業です。中にはすでに大量の商品をつくっていたところもあり、さばけなくては倒産に追いやられます。夫は貿易の出版にたずさわっていたので、そのあたりのことをよく知っていました。

そこで、輸出に頼っていた雑貨産業の人たちを救う手立てはないものかと考え、思いついたのが〝国内輸出〟だったのです。海外に輸出できなければ、国内で売ればいい。そのための市場づくりなら私たちにできるかもしれない。

その市場と言うのがギフト市場でした。海外ではすでに存在しています。それを日本でもつくろうとしたのです。そうすることで彼らの水先案内人になろうと決意したのです。

ギフトって何?

自分へのごほうびを除けば、ギフトは基本的に人にあげる物です。人から人に贈るのがギフトです。その際、普段自分が使っている物よりちょっといい物であったり、おしゃれであったりする物を差し上げたいと誰もが思います。輸出雑貨の製品はそれに合っていました。欧米の人たちのライフスタイルに合わせてつくられていますから、同じ物でも、国内で使われている実用オンリーの製品と違い、おしゃれにできています。これならギフトになる。あとはギフトの新しい流通ルートをつくることでした。

こうして私たちは出版社「ビジネスガイド社」を立ち上げました。1971年(昭和46年）のことです。

最初の仕事は月刊誌『月刊ぎふと』の発行でした。誌面は記事と広告からなっています。ギフトと言うコンセプトで物を流通させるにはどうすればいいかと言うテーマの下、ギフト関係のメーカー、問屋、小売店を訪ね回りました。

しかし、これが大変でした。なにしろ〝ギフト〟と言う言葉をほとんどの人が知らないのです。

「ギフトって何？」

返ってくるのはそればかりでした。仮に耳にしたことはあっても、販促品を扱う業者たちの市場ぐらいにしか思われなかったのです。私たちより前にギフトという言葉を使って商売をしていた人たちがいて、彼らが少々怪しげだったことから、ギフトに対して悪い印象しかいだいていない人も多くいました。

「芳賀さんはギフトに理想郷のようなイメージを持っているようだけれど、ギフトと言うのはそんなきれいなもんじゃないよ」

面と向かってそう言われたこともあります。社内でさえ、

「ギフトを使うのはやめたほうがいいですよ」

と、反対する社員さえいたくらいです。

ギフトという言葉がようやく一般に知られるようになるのはずっとあとです。10年以上も過ぎてです。百貨店がお中元の贈答をサマーギフト、またはお中元ギフト、歳暮の贈答をウインターギフトと言って使うようになってからです。百貨店が使い出して初めて一般に浸透し出したのです。そのくらい〝ギフト〟は日本人にとってなじみのない言葉だったのです。

会社設立当時は、メーカー、問屋、小売店を一軒一軒訪ねながら、まずギフトとは何か、そこから始めざるをえませんでした。今では子供でも知っている〝ギフト〟と言う言葉を、一人一人にわかるように根気強く説明していったのです。

縦割り構造の流通業界

雑貨産業を救うために新しい流通をつくり出す、私たちは意気込んでいました。しかし、それは人には無謀にしか見えなかったようです。実際、私たちの前には大きな壁がそびえ立っていました。長年にわたる流通業界の縦割り構造です。

今でこそ、1つの店に業種の異なる物が並んでいるのは、珍しいことではありません。コンビニエンスストアがいい例です。食品、日用雑貨、お弁当、酒、新聞、雑誌などが同じスペースの中で売られています。ひと昔まではありえないことでした。

それは流通が縦割り構造だったからです。つまり、文具は文具だけ、玩具は玩具だけ、家庭用品は家庭用品だけと言うように、問屋も小売店も同じ業種の物しか扱おうとしない、縦割りの構造です。

そのことは、当時の店の看板を見るとよくわかります。○○文具店、○○電気店、○○布団店、○○靴店、○○化粧品店、―――とあります。ひとつの業種しか扱っていないことが店名に表れています。1業種で、しかも決まったメーカーの製品しか取り扱わない店まであったくらいです。今でもそういうところはありますが、昔はそのような店がほとんどと言っていいくらいだったのです。

これが業界の縦割り構造です。業種ごとに、メーカー、問屋、小売店を結ぶ強固な構造ができあがっていました。

業界ごとにそうである以上、それまで国外に販売されていた製品が、その流通に新

たに入っていくのは至難のわざです。それでなくても雑貨は多種多様です。1業種に

はおさまらないのです。第一、どこの問屋や小売店に持っていけばいいのかもわかり

ません。今まで輸出専門にやっていた人たちです。国内販売のルートにうとといのです。

いきなり行っても相手にされない可能性のほうが高く、それでは時間だけがたって、

倒産するところも出かねません。

輸出雑貨を売るには業界を変えるしかない、縦割りだった構造を胴切りして横割り

にするしかないと、私たちは考えました。それは、異業種が混在する、私たちが呼ぶ

ところの〝業態融合〟の市場をつくることでした。

流通のデストロイヤー

異業種が混在する〝業態融合〟のマーケットは、海外ではすでにあたりまえのこと

として存在していました。むしろ、日本だけがそうでなかったと言ったほうがいいかもしれません。

私たちは何度も海外の見本市に視察に出かけましたが、そのたびに日本との違いを見せつけられました。アメリカでもドイツでもイタリアでも、すべての国の市場は〝ギフト〟と言うコンセプトの下、〝業種〟ではなく〝業態融合〟でできています。これが消費財流通の本来の姿なんだと、広い会場を見て歩きながらつくづく思ったものです。

しかし、日本で新しいマーケットをつくるのは、口で言うほど簡単なものではありませんでした。なにしろ縦割りの構造がすでにがっちりできあがっています。それを胴切りしようとするのですから、当然、業界からは白い眼で見られました。流通破壊と受け取られたのです。中には流通を壊すデストロイヤーとさえ言う人までいました。

今までにない新ルートを開拓しようとするのですからパイオニアと呼ばれてもいいくらいなのに、これまで縦割りでやってきた人たちにとっては、私たちはその破壊者にしか見えなかったのです。

しかし、それは最初から覚悟の上でした。

私たちは月刊誌を発行しながら、メーカー、問屋、小売店に私たちが目指すギフトマーケットを根気よく説明して回りました。メーカーの人たちはもともと業界の動きに敏感ですから反応が早く、その点、長年縦割り構造で商売をしてきた問屋さんほど理解しづらかったように思えます。

月刊誌には、輸出がたちゆかなくなった雑貨業界の方々もしだいに広告を出してくれるようになりました。海外に輸出できなくなった以上、国内で販売の足がかりをつけることができればと言う、期待感からだったと思います。

月刊誌をベースに足場を築きながら、私たちはいよいよ見本市の開催にのり出しました。会社を興した翌年のことです。

初めての見本市

1972年（昭和47年）、「第1回ギフト&プレミアムショー」と銘打ち、初めての見本市を開きました。

この時掲げたテーマは、「流通のスクランブル交差」です。それまで同じ業種のところばかりに売っていたのが、違う業種のところにも売りに行く、他の人もまたそうする。すると、あっちからもこっちからもそういう人たちがやってきて行き交い、さながらスクランブル交差のようであると。私たちが目指した流通の姿をこのテーマで表したのです。

しかし、業界の人たちからは集中砲火を浴びました。

「スクランブル交差なんて責任がありますよ。流通業を混乱させることではないですか」

そういう非難を背に開いた見本市でしたが、正直言って、これは理想とはほど遠いお粗末なものと言わざるをえませんでした。来場された方に印象を聞くと、「ろくな物が出てない」と、言われる始末です。

一番評判が良かったのは、皮肉にも私が来場者に配った物でした。輸出用向けの販促品としてつくられた陶器で、男と女がそれぞれに描かれ、2つ合わせると男女がキスをしている絵柄になります。実用品ばかりが並ぶ中、遊び心のあるファンシーな製品は珍しく、みなさんから「これが一番良かった」と言われたくらいです。この時の男女の横顔を基にしたデザインが今、わが社のマークになっています。

この時の来場者は3日間で3800人。現在、わが社が毎年行っている「ギフト・ショー」のわずか2％ほどです。

出展している商品は、時代をそのまま反映した物ばかりで、ほとんどが、風呂場や台所などで使う生活用品や喫煙具などです。石鹸箱、たわし、ライター、ほうき、煙管《きせる》、灰皿など、新潟や和歌山などでつくられ、皆かつて輸出されていた物です。

製品の中には、おしゃれな物もあることはありましたが、お粗末な物も多く、レベルに差がありました。また、おしゃれな物も、もともとが輸出品ですから、デザインや色彩も海外向けにつくられ、国内には向かない物もありました。また、プラスティック製の容器のように、それまで日本になかった物もある一方で、わけのわからない物もありました。

生活レベルを反映する実用品

なぜこのような生活用品ばかりしか出展されなかったのかと言えば、それは当時の日本人の生活レベルにあります。戦後20年以上がたっていたとは言え、人々は生活するだけで精一杯で、経済的にも気持ちの上でもゆとりがなかったのです。人々が欲したのは、すぐに暮らしに役立つ実用的な物だったのです。

当時、これらの製品は企業の販促によく使われていました。そのため私たちは販促品の取り扱い者と思われたくらいです。この見本市自体がSP（セールスプロモーション）のそれではないかと言われたほどです。

見本市には、小売店や問屋の他に、大手企業の販売担当者や広告代理店、商品につけられる、〝おまけ〟を扱うプレミアムディーラーも来場しました。メーカーとこれらの人たちが会場で商談し、大手企業が販促に使いたい商品を契約していました。プラスティックの物を買うと、おまけにティッシュがついてくるなどの販促が始まった頃です。グリコのおまけはその代表です。これはそれ以前からありましたが、子供たちはプラスティックのかわいいおもちゃが欲しいばかりにグリコのお菓子を買ったものです。

ほうきやたわしのような、それがなくては暮らしに困るといった実用オンリーの物が陰をひそめ、なくてもいいが、あると生活が楽しくなると言った物が出展されるようになるのは、最初の見本市から4年たった、1976年の「ギフト・ショー」からです。

当時、百貨店への納入を専門とする問屋があって、そこで扱うインテリアグッズが出展されたのです。周りにきれいな飾りつけや木彫が施された鏡や、アンチモニーのテーブルなど、それまでとは一味違った製品が並びました。

私たちが目指した「ギフト・ショー」がようやく形となって現れたのです。

横行するパクリ屋

今聞くと、そんなことがあったのかと驚かれそうですが、最初の見本市の頃は、まだ世の中も不安定で、会場には、〝パクリ屋〟と呼ばれる悪徳業者が横行していました。実存する商社や、あるいは東京から遠い北海道や九州のそれらしい会社を名乗って近づいてきます。最初からだますつもりですから、商品を買っても払わず、逃げてしまいます。販促品に名入れをせず大量に購入しようとする中に、そういう悪徳業者が多くいました。ごく普通のスーツ姿で現れるので、見分けるのが困難です。

出展者のみなさんには注意するように呼びかけ、前金で取り引きするようにアドバイスしました。それでもノルマを課せられた担当者の中には、売り急ぐあまり後払いで取り引きし、商品を発送してしまいます。気がついた時はすでに遅く、被害に遭っています。

見本市は主催者と出展社の信頼の上に成り立っています。出展社が安心して参加できる会場にすることも、私たちの重要な仕事です。出展社からは、初めての取り引き先について、そこがどういう会社なのかと尋ねられることもあり、そこでブラックリストをつくって配布するなどしました。しかし悪徳業者はくるくる名前を変えて出没するため、見つけるのは容易ではありませんでした。

そういう中で起こった事件の1つです。会場で大手の時計メーカーが千単位の腕時

計の注文を受け、後払いで商品を発送してしまったのです。それを聞いた時、私はパクリ屋だと直感しました。すぐに担当者に、

「その会社はだめです。荷を止めてください」

と、言いました。しかし、荷はすでに仙台にまで行っています。パクリ屋が北海道に運ぶ途中だったのです。危機一髪のところで食い止め、難を逃れました。

当時はこういう事件が多くあり、被害を受けた人が警察に訴えたことで、警察も目を光らせてくれました。こうしてようやくこの種の事件は少なくなったのです。減った理由としては他にも、不景気のために商品をパクっても買ってくれるところがなかったこともあるようです。

この頃はまだ、今のようにセキュリティがしっかりした時代ではありません。これも当時の社会を映す出来事の1つと言えそうです。

変わる問屋

「ギフト・ショー」の初期の頃は、既存の問屋との闘いの日々でもありました。それもそのはずです。メーカー、問屋、小売店を結ぶ縦割りの流通構造を胴切りにし、業態融合の市場をつくろうとしたのですから、反発を買うのは当然でした。しかも、それをメーカー直販でやろうとしたのです。

「『ギフト・ショー』に出るなら、おたくとは今後取引をしない」

出展したメーカーの中には、大手の問屋からおどしをかけられたところもあったくらいです。問屋サイドから見れば、メーカー直販でやられたら自分たちの存続すら危うくなると言う危機感があったのです。

しかし、時代は変わり、1業種だけに卸していたのでは限界があることに、問屋自身が気づいていきました。もうそれだけではやっていけない時代になったことを問屋自身が自覚したのです。異業種店にも卸すことは、今はごくあたり前になっています。

また、あれだけわが社の「ギフト・ショー」を目のかたきにしていた問屋が、今ではみずから出展してくださるまでになっています。わが社にとっては大切なお客様です。

ただし、この場合、問屋としてではなくメーカーとしてです。大手の問屋の中には、自社ブランドの製品をつくっているところもあって、それを売り込むために「ギフトー・ショー」に出展しています。「ギフト・ショー」はそれに最適な場所です。

この場合、問屋の名前を出すところもあれば、出さないところもあります。どういう人たちに売り込みたいかで決まってきます。本業の問屋業では中小零細の小売店が相手でも、自社ブランドの製品はもっと都会の若者向けに売りたいと思えば、問屋の名前は出さない戦略をとる、と言った具合にです。

このように近年は、メーカーとして「ギフト・ショー」に出展する問屋も増えています。もちろんバイヤーとしても大勢、「ギフト・ショー」に来場されています。

問屋は大きく変わりました。業種ごとのマーケットから業態融合のマーケットに変わり、問屋もそれに適合して今があります。

わが国独特の問屋がこれからさらにどんな変化をとげるのか、大いに注目されるところです。

第4章

「ギフト・ショー」

東京ビッグサイトへの道

業態融合のマーケットをつくるために、私たちは「ギフト・ショー」と言う手段を使って、その実現に乗り出しました。そこまでは前章で触れた通りです。

ここからは、それ以後現代に至るまでの「ギフト・ショー」の歩みについてお話したいと思います。

ビジネスガイド社を興すとすぐに、私たちは見本市を開く準備に入りました。しかし、肝心の会場を貸してはもらえませんでした。

先進国では見本市はすべて民間によって開かれています。ところが日本はそうでなかったのです。組合や協会、今の省名で言えば経済産業省が開くものと考えられていて、民間には許されていなかったのです。そのため私たちに会場を貸してくれるように頼んでも、

「組合がやったあと空いてたら使ってもいいよ」

と、上から目線です。

このままでは見本市会場を借りるのは無理だとわかり、そこで私たちは新たに日本ギフト・プレミアム協会と言うのを立ち上げ、その名で会場を借りることにしました。会長は他からよんだ方になっていただきました。

こうして1972年（昭和47年）に、「第1回ギフト＆プレミアムショー」を開催しました。

会場は東京晴海の見本市会場南館2階。しかし、出展社が100社に満たなかったため、本来なら300社入れるスペースのすべてが借りられませんでした。現在、わが社は、総展示面積12万3000㎡の東京ビッグサイト全館を借り切り、約2600社の出展社、のべ20万人の来場者から成る「ギフト・ショー」を開催していますが、これに比べると隔世の感があります。

このあと都立産業会館大手町館に移り、ここで本当の意味でわが社の記念となる「ギフト・ショー」を開くことになりました。第1回から数えて4年後の1976年（昭和51年）のことでした。

「第1回ギフト&ホームアクセサリーショー」と銘打ったこの「ギフト・ショー」は、現在の「インターナショナル・ギフト・ショー」の前身となるものです。

なぜ、4年たって初めて本当の意味の「ギフト・ショー」開催になったかと言えば、それまでの3年間は協会の名称で開いていたために、自分たちの思うようにいかないことが多々あったからです。しかし、これからはビジネスガイド社の名前で開くので、自由に運営できます。協会が関与することはないので、会長の承認を得るような手続きも、もういりません。

しかし、この都立産業会館大手町館も3年がたつと、出展社も増えて手狭になり始めました。しかし、ここに展示会場はつくらないことになり、新しくオープンした東京池袋にあるサンシャインシティ文化会館を借りることになりました。

ここは元国鉄総裁の磯崎 叡《さとし》氏が社長を務めていたところです。磯崎氏は中小零細企業のモノづくりを集めたわが社の「ギフト・ショー」に感動し、輸出がたちゆかなくなったみなさんにこれからはギフトで頑張れ、と言う応援の気持ちからこの場所を貸してくださったのです。

サンシャインシティ文化会館は実は巣鴨プリズンのあった場所です。太平洋戦争におけるＡＢＣ級戦犯が処刑になった所として知られています。

しかし、ここもいっぱいになり、さらに広い所に移ることになりました。それが晴海の東京国際見本市会場です。１９８８年（昭和63年）のことです。出展は７２４社にのぼり、来場者数も13万人を記録しました。１９７２年に「ギフト・ショー」を始めて以来16年間で、出展社数は7倍以上、来場者数も34倍と言うように、大幅な伸びを示したのです。

印象に残っているのは、この会場は冷房がきかなかったことです。そこで私たちは通路に氷柱を置いて回りましたが、それも気休めにしかなりませんでした。来場者の熱気も加わり、汗だくで会場を飛び回っていたことを思い出します。

しかし、この晴海の会場が取り壊しになることが決まり、東京ビッグサイト（東京国際展示場）として新たに有明（東京）で開業することになったため、私たちもそちらに移ることにしました。

１９９６年（平成7年）に東京ビッグサイトがオープン。以来、わが社の「ギフト・ショー」は、東京有明のこの地において、一度も中断することなく、今日に至っています。

晴海の見本市会場に始まり、都立産業会館大手町館、サンシャインシティ文化会館、東京国際見本市会場、そして東京ビッグサイトと、24年の間に4回も、「ギフト・ショー」は会場を移してきました。そのたびに規模が大きくなっていきました。それはギフト市場そのものの発展を意味すると言えます。

輸出がたちゆかなくなった雑貨産業を救うために始めた「ギフト・ショー」が、今や日本だけでなく、海外からも出展依頼のあるグローバルなものになったのです。

3・11の決断

長い間「ギフト・ショー」を主催してきた私ですが、中でも忘れられないショーがあります。それが2011年春に開催された「インターナショナルプレミアム・インセンティブショー」です。

これはわが社の柱である「インターナショナル・ギフト・ショー」とは別の、販売促進とマーケティングを専門とした見本市で、1990年（平成2年）から開催しています。それを2011年に、4月6日から8日にかけて行う予定で、私たちはその準備に追われていました。

ところが、3月11日、そこに東北大震災が起きたのです。ショーの開催まであとひと月もない時でした。出展社のみなさんを集めての説明会も済み、展示する場所の小間取りも終え、出展料もすでにいただいていました。準備は着々と進み、開催に向けてすべてが作動している最中でした。

私は主催者として決断を迫られました。このショーを開くかどうかです。

会場の東京ビッグサイトの西ホールには、東日本大震災の被災者や福島第一原発の事故によって家を追われた人々が、着の身着のままで大勢避難してきていました。東京都がこの場所を避難先に開放していたのです。余震もまだ続き、原発もこの先どうなるか予断を許さない状況でした。

そういう時でしたから、会場側もイベントの主催者たちも、「困った」「困った」と頭をかかえるだけで、予定していたイベントを開くかどうか誰も口にしようとしなかったのです。

社内でも、意見はまっぷたつに分かれました。中止すべきと言う者、開くべきと言う者。あとはトップである私の決断にかかりました。私は悩み抜いた末、「開催」を決めました。社員の中には、

「こんな時にやっていいのですか」

と、面と向かって言う者もいましたが、私は自分の判断を信じました。

確かに、この決断は賭けでした。日本中が、予定していたイベントの開催を自粛しているにもかかわらず、私はその逆を行こうとしています。もし失敗すれば、どれほどの非難を浴びるかもしれません。実際、わが社には抗議の電話が何本もかかってきていました。

ショーを待つ人たちのために

このような逆境の中で、それでも私が開催に踏み切ったのは、東日本大震災で大き

な被害は東北地方が中心で、企業本社のある東京はほとんど影響を受けなかったからです。企業の販促品や企業ギフトの仕入の窓口は、総務部や企画販促担当が鍵を握っており、震災によるダメージをどのように回復させるかが重要なポイントでした。そのためこのショーはやめるわけにはいかなかったのです。景気を回復させるプロモーションをまさに「インターナショナルプレミアム・インセンティブショー」が引き受けたのです。一方、出展社のみなさんは、この日のために1年も2年もかけて新商品を開発し、準備万端整えて、ショーに臨もうとしています。ここでの商談を商いの中心に据えているところも多いのです。もし中止となったら、たちまち商売に影響が出て、中にはたち行かなくなるところも出てくるかもしれません。それだけこのショーに期待をかけてくださっているのですから、その人たちの思いに応えたい、それが私が開催を決意した最大の理由でした。

そして、当日がきました。これほどドキドキして迎える初日はかつてありませんでした。バイヤーのみなさんは来てくださるだろうか、不安で前の日は眠れないほどでした。

しかし、結果は予想をはるかに上回りました。バイヤーのみなさんだけでなく、来賓の方も、また経済産業省からもきていただき、ご挨拶をたまわりました。未曽有の災害だから何もしないのではなく、それに打ち克って見本市を開こうとしたわが社の姿勢に、経済産業省も賛同の意を表してくれたのです。

プレミアムショーは成功裡に終わりました。勇気をもって開催を決意して本当に良かったと思いました。

このことが契機となり、それまで躊躇していた他の見本市やイベントの主催者も次々に名乗りを上げ、開催の方向へと舵を切り出したのです。

「ギフト・ショー」は流行を映す鏡

わが社主催の「ギフト・ショー」の内、その柱となるのは「インターナショナル・ギフト・ショー」です。パーソナルギフトと生活雑貨の国際見本市で、日本最大の規模を誇ります。

「ギフト・ショー」は社会情勢とトレンドを大きく映す鏡と言っても過言ではありません。今、世の中で何がはやっているか、ユーザーは何を求めているか、それをメーカーや問屋がどうキャッチしているか、それらを知るのにこれ以上ない場所です。

なにしろメーカーはこのショーに満を持して臨み、開発した新商品をお披露目します。その時はやっている、あるいは、これからはやると思われる商品が東京ビッグサイトの会場にずらりと並ぶのです。それはもう壮観です。「ギフト・ショー」を見なければ流行に乗り遅れると、大勢の人が言うのもうなずけます。

こういう機会はそうあるものではありません。バイヤーのみなさんも同じです。特に、中央の情報が届きにくい地方の業界関係者にとっては、流行を一度に、しかも目の当たりにできる貴重な機会です。

のべ20万人もの来場者がわが社の「ギフト・ショー」を訪れる一番の目的は、新商品の発掘です。今までにない新しい商品を探すためです。だからみなさん、非常に熱心です。真剣なまなざしで会場を巡っています。

同じことは出展社にも言えます。出展する最大の目的は新規の顧客を獲得することです。そのためにショーの開催に合わせて新商品の開発をします。

また、新商品を探しているのは国内のバイヤーだけはありません。海外からもギフト関係のバイヤーが大勢やってきます。

販促品マーケットの専門見本市

「インターナショナル・ギフト・ショー」の他にも、わが社ではいろいろな「ギフト・ショー」を開催しています。その1つが「インターナショナルプレミアム・インセンティブショー」です。一般にプレミアムショー、あるいはインセンティブショーと呼ばれています。

これは販促品マーケットの専門見本市です。メーカー、卸、商社、印刷関連企業などが出展し、企業の販促担当者、広告代理店、百貨店外商部、販促品卸業者などが来場します。

2018年春のショーのテーマに挙げたのは、

「来店を増やし、売り上げを伸ばすSP戦略とマーケティングとは」

来店客を増やし、顧客の購買意欲を高める戦略のヒントを、ショーの中から見つけてほしいとの願いを込めています。集客・販売を支援する多彩なSP企画やツール、最先端の印刷技術、ITを活用したSP、POPなど、最新の関連商材が出展されました。

具体的には、懸賞キャンペーン向け景品、プレミアム、企業PR用ノベルティ、ベタづけ景品、その他販促用ギフト、インセンティブ関連アイテム、モチベーションアイテム、高額懸賞品、法人ギフト関連アイテム、コーポレートイベント記念品、POP、購買時点広告関連用品、店頭広告用品、店舗什器、ディスプレイツール、アイキャッチアイテム、その他店舗演出アイテム、イベントツール、ダイレクトメール、マーケティング関連アイテム、プロモーション企画、販促サポートツールなどです。

販促に関連するこれらの商材を見ると、「インターナショナル・ギフト・ショー」とは肌合いが異なることがわかります。

このショーがギフト全般であるのに対し、「インターナショナルプレミアム・インセンティブショー」は販促関連の商材が対象です。おのずからバイヤーのタイプも異なります。

両者の違いは、たとえばカレンダーを例にとると、「インターナショナル・ギフト・ショー」ではさまざまの種類のカレンダーを売るのが目的ですが、「インターナショナルプレミアム・インセンティブショー」は、それに名入れや会社のマークを入れるなど、加工まで含めて取り扱う会社が出展します。扱うカレンダーは同じでも、商売の目的がまったく異なるのです。

企業の販促などに使う目的であれば、プレミアムショーのほうが商品が豊富ですし、オーダーメードも可能です。規模は「インターナショナル・ギフト・ショー」より小さいのですが、販売促進のために役立つ物を探しているバイヤーにとっては注目度ナンバー1です。

時代と共に移り変わる展示品

「ギフト・ショー」を開催してほぼ半世紀がたちます。展示品も時代と共に変わっていきました。それは目覚ましいほどで、わずか半世紀の間に、日本が大きく変化したことを見せつけられる思いがします。

1972年（昭和47年）に初めて見本市を開いた時は、戦後復興の最中であり、展示される商品は当時の人々の生活に密着した物ばかりでした。それこそ、たわしやほうきや石鹸箱の類いです。人々にとっては生活するだけで精一杯で、部屋の中におしゃれな物を飾りたいとか、人が持っていないモダンな物を手にしたいなどとは、ほとんどの人が思いもしなかった時代だったのです。

当時のギフト市場はお中元、お歳暮などの贈答ギフト、冠婚葬祭の返礼用ギフト、法人のビジネスギフトで占められていました。他には、企業の販売促進、つまりＳＰ（セールスプロモーション）の販促品があるぐらいだったのです。

しかし、私たちが立ち上げた見本市の対象は、儀礼的なものとは無関係のパーソナルギフトです。とは言え、当時はまだ、パーソナルギフトそのものを受け入れるだけの社会ではありませんでした。

しかし、時代は確実に移り変わっていました。1970年にはファッション雑誌『anan』が、その翌年には『nonno』が立て続けに創刊され、若い女性の間で大人気となります。若い女性はファッションに敏感です。そういう雑誌を眺めながら、おしゃれな生活を思い描き、自分でも取り入れようとします。「ギフト・ショー」にも徐々にそのような展示品が並んでいきました。

さらに、ファンシーグッズの登場です。人気のキャラクターのついた商品が次々に開発され、少女たちの心を捉えたのです。「ギフト・ショー」にもそれらの商品がたくさん出展されるようになりました。

1980年代の後半になると、パーソナルギフト市場の拡大に弾みがつきます。それまで購買の中心だった少女たちが成長し、ヤングアダルトになったことから、ギフト市場も新たなものとなりました。かわいさいっぱいのファンシーから大人の女性を満足させる市場へと変化していったのです。

大人の女性を満足させる市場へ

たとえば第22回ギフト・ショーが開かれたのは1986年（昭和61年）ですが、この頃から人は自分の物だけを欲しがる風潮が出てきます。きままな暮らしを演出する個性的な物を望むようになったのです。遊び心に実用性を加味した製品が人気となりました。実用オンリーの物は市場から消え去り、デザイン性とクオリティのあるギフトがヒットしました。

その2年後はサンシャインシティ文化会館から東京国際見本市会場に場所を移しての開催でしたが、それまでのファンシーフェア色の強かった物からもっと生活を謳歌する物が増えます。生活雑貨、インテリア・リビング品、アクティブデザイン、クラフト品などが登場します。生活をよりアクティブに楽しもうとする雑貨が多くなったのです。また、海外からの出展も増え始めました。

このあたりからライフスタイルの多様化に即したマーケットに入っていきます。融合ショップ時代の到来です。家具店にはインテリアや雑貨が並び、ブティックにも雑貨やアクセサリーが置かれ、陶器店、金物店、酒店がギフトショップ化され、文具店でさえファンシーショップ化されていきます。

また、ハイデザイン、ハイクオリティと言う言葉が登場したのもこの頃です。単に高級、高価ではなく、たとえ安価であってもクオリティの高い商品が求められるようになったのです。

２０００年に入ると、人は値段以上に付加価値を感じるワンランク上の物を求めるようになります。ちょっと上質なプレミアムライフスタイルが時代のトレンドとなりました。それと共に、エコライフもまた、人々の間に浸透し、人と環境にやさしいナチュラルライフを演出する商品もたくさん出展されるようになりました。

近年、目を引くのは、ハイテクの商品です。ＡＩ（人工知能）を内蔵した探知機やロボットなどで、新技術を取り入れ、開発した商品が出展されるようになっています。その中から、ショーの期間中に行われるコンテストで大賞をとる商品も現れています。

2018年春の「ギフト・ショー」から

では、最近はどうでしょうか。「第85回東京インターナショナル・ギフト・ショー春2018」から見てみましょう。テーマは、「人に優しく地球に優しく」です。出展社は消費財関連業界の国内のメーカー、輸入商社、欧米のメーカーで、生活者のライフスタイルに対応する新製品を主体に展示が行われました。

一部を紹介すると、アクティブデザイン&クラフト、ホームファニシング&デコラティブ、オンリーワンコレクション、フラワー・グリーン&ガーデングッズ、アーティストビジョン、ステーショナリー&ペーパーグッズ、おしゃれ雑貨&レザーグッズ、ビューティ&コスメティック、ファッションアクセサリー、男のこだわり、スポーツ&プレイング・グッズ、香りの商品、アパレルファッション、生活雑貨、リノベーション、ヤングファッション&キッズスタッフなどなど。

なお、2018年秋の「東京インターナショナル・ギフト・ショー」では、「暮らし・デザイン・新時代」をテーマに、「LIFE×DESIGN」も開催されます。最新のデザインプロダクツや日本のモノづくり、リノベーション、素材など、住まいづくりや多様化するライフスタイルに欠かせない商材が展示されます。

また、「インターナショナルプレミアム・インセンティブショー」「グルメ＆ダイニングスタイルショー」も同時開催されます。

こうして見ると、実にさまざまな分野からの出展であることがおわかりいただけたでしょう。これだけ多くのジャンルにおいて、わが国ではライフスタイルを楽しむ生活雑貨がつくられているのです。それが「ギフト・ショー」で一同に会します。

今、振り返ると、わが国は敗戦の痛手から立ち直り、高度経済成長を成し遂げましたが、バブルの崩壊やリーマンショックなどによって、時代も大きく変わりました。

しかし、その中にあっても、人々はより楽しい生活を願い、また送ろうとしてきました。生活雑貨はそれを演出する大事な小道具です。これまで「ギフト・ショー」に出展された多くの生活雑貨を目にするたびにその思いを強くします。

出展者の思惑、バイヤーの思惑

年2回行われる「ギフト・ショー」ですが、ではなぜ、多くの企業が出展するのでしょうか。もちろん自分たちの製品が売れて、会社が潤うことが第一の目的です。そのために出展社は社運を賭けて新製品を開発します。

しかし、もし「ギフト・ショー」がなかったらと考えるとどうでしょう。せっかくつくってもどこに売り込みに行ったらいいのかがわかりません。もちろん時間をかけるとそれは可能でしょうが、それまでが大変です。

この点、「ギフト・ショー」に出展すれば、買い手側からやってきてくれます。それも1社や2社ではありません。何社ものバイヤーがやってきます。引き合いも、1社に対して何十社もあるところも珍しくなく、少なくとも5、6社はあります。

また、新商品の評判もわかります。特に期間中に行われるコンテストで賞をとると、売り上げが一気にあがったりもします。業界で認められることで、制作側の自信と励みにもなります。また、この次もがんばろうと、やる気を起こさせます。それまでいろいろなところに広告を出しても反応がなく、がっかりしていたのが、コンテストで賞をとり、形勢が逆転したと言う会社もこれまでありました。

一方、バイヤー側は望む商品をいち早く手に入れることが最大の目的です。流行は刻々と変化します。バイヤーは次のシーズンに向け、これはと思うデザインやキャラクター物、新感覚の製品などをいち早く見つける使命を負ってやってきます。それには一歩進んだものを見抜く目が必要です。次のシーズンの売上に直結することですから、みなさん、真剣です。

バイヤーの多くは女性です。それもうなずけます。雑貨はほとんどの場合、女性が使う物だからです。車やエレクトリック製品のような、男性に好まれる物と違い、室内に置いたり身につけたりなど、身近にあって楽しむのが雑貨です。ほとんどが女性向けの商品なのです。そのためバイヤーには女性の目が必要となります。女性ならではの感性が求められることから、女性のバイヤーが多いのです。

女性のバイヤーが目立つせいか、「ギフト・ショー」の会場は明るい印象があります。男性バイヤーによって占められる見本市では、服装や持ち物の多くが黒やグレイのために、どうしても沈んだ印象がぬぐえません。しかし、「ギフト・ショー」は雰囲気が明るく、入り口を入ってすぐに、それを感じると言う人も多いようです。

ところで、会場では写真撮影は禁止です。カメラは預かります。しかし、中には「へんな人がうちの商品を撮影している」と言ってくるケースもあります。あるいは、「うちと同じような物が他でも、しかも格安で売っている」と、怒る出展社もいます。どちらもデザインの盗用にまつわることです。主催者側としては、一応話をうかがい、対処できることは対処しますが、そうでないことについては、当事者で解決していただくことにしています。

マッチングを設定

「ギフト・ショー」の大きな目的の1つに〝マッチング〟があります。マッチングとは、辞書によれば、「種類の異なるものを組み合わせること」とあります。「ギフト・ショー」におけるマッチングもそうで、出展社とバイヤーを引き合わせることを言います。主催者が両者の間に立ち、仲介のお手伝いをします。

これは会社を興した当初からの夫と私の思いである、中小零細企業のみなさんのお役に立ちたいと言う気持ちを形に現したものです。実際、中小零細企業のみなさんが企業に商品を売り込みにいくのは大変です。どの企業が興味を示してくれるのかもわかりませんし、たとえ面会できるところまでいっても、十分話を聞いてもらえないかもしれません。まして商談までこぎつけるのは容易なことではありません。

しかし、大手の企業であるないに関わらず、ギフトを扱う企業は常に新しい商品を探しています。自分たちにとってこれはと思える商品を求めているのです。

そこで、主催者側の私たちがマッチングの場を設定します。

まず、最初に、百貨店や大手の小売店などに打診をします。それまで出展社からは、今回、自分たちがどういう会社でどういう商品を展示するのか、資料を送っておいてもらいます。その上で、それを扱いそうなバイヤーに、その会社や商品に関心があるかどうかを尋ねます。

そこで、バイヤーが興味を示せば、当日、専用に設けた部屋で両者が会い、商談となります。日程の交渉もこちらで行います。

もちろん、商談がすべて成立するわけではありません。いい商品だが、それはうちには向かないと言うことも起きます。その時は、マッチングは不成立となります。マッチングは出展される中小零細企業のみなさんにとっては、願ってもない機会です。25年ほど前から実施していますが、みなさんには大変感謝されています。これからも「ギフト・ショー」の柱として、マッチングを継続していきたいと思っています。

商談に差をつけるコンテスト

「ギフト・ショー」を彩るものの1つにコンテストがあります。このコンテストで賞をとるかどうかは、参加者にとっての最大の関心事です。と言うのも、ここでグランプリや大賞をとると、その商品は1億円以上の取り引きにつながることさえあると言われているからです。実際、賞をとった企業のホームページを見ると、トップに、『『ギフト・ショー』で大賞をとりました！』とあり、すでに宣伝効果を放っています。

このコンテストは、会場に並べられた参加商品の中から、来場者に1人1枚で投票してもらい、10位以内に入った商品を次に審査員が選んで、賞を決めるものです。賞をとるかどうかは商談で差が出てくるため、みなさん、出すだけ出してみようと思われるようです。中にはすべてのカテゴリーにエントリーする企業もあります。

２０１８年春のショーでは、新製品コンテスト、輸入品人気コンテスト、女性のハートをキャッチするギフトグッズコンテスト、キッチン＆ダイニンググッズコンテスト、ディスプレイコンテストの５つのカテゴリーに分かれて行われました。それぞれに対して大賞、準大賞が与えられ、さらに最も優秀な商品に対してグランプリが授与されました。

審査員には学識経験者、著名デザイナー、有力小売店のバイヤーになっていただきました。ただし出展社は審査員になれません。

投票は開催初日に行われ、２日目に審査して賞が決定すると、その夜に行われるパーティで発表されます。

審査の基準となるのは、まず、デザイン・制作技術が優秀で、独創性があること。次が、商品の使用目的に沿った機能性あるいはアイデアに優れていること。続いて、品質水準が高く、安全性が十分考慮されていること。また、発売後２ヶ月以内の新製品であること（主に新製品コンテスト）、海外からの輸入品であること（輸入品人気コンテスト）です。

5つの観点から審査されますが、一言で言えば、ずばり、売れる商品かどうかです。「ギフト・ショー」に出展する目的そのものが、売れる商品であることをバイヤーに向かってアピールするのですから、コンテストはそれを凝縮したものであるわけです。

最終的に審査員によって賞が決まりますが、「これは売れそうだ」と思える商品は、来場者による投票の段階から、必ずと言っていいほど上位に入ってきます。売れすじ商品は誰が見てもそうだとわかるのです。

また、「インターナショナルプレミアム・インセンティブショー」でも、コンテストを実施しています。そのメインとなるのが、「日本プロモーション企画コンテスト」です。

1年間に展開されたプロモーションの中で企画に優れ、しかも販売においても注目すべき実績を収めたプランニングに、コンテストの栄誉が贈られます。発表はショーの期間中に特設会場において行われます。表彰式に続き、受賞者によるプレゼンテーションも実施されます。

このコンテストは、プロモーションの裏方であるプランナーや企業のプロモーション担当者を正当に評価し、よりすぐれたプロモーション企画への意欲向上になればと言う思いから、創設したものです。1月1日から12月31日までの1年間に実施されたキャンペーンが対象となります。

海外の見本市

ビジネスガイド社による見本市の歴史はまだ半世紀にも満たないのですが、海外には長い歴史を持つ見本市がすでにいくつもあります。

ビジネスガイド社を興そうと思った時、私たちはいつか見本市も開きたいと考えていました。しかし、それがどういうものであるかは、海外からの本や雑誌で見るしかありませんでした。しかし、それでは詳しいところまでわからず、そこでヨーロッパやアメリカに視察に出かけ、実際に見てみることにしました。とにかくよく行きました。海外の歴史ある見本市を見て回りながら、これから私たちが日本で開くショーの参考にしたのです。

その時の印象と共に、海外の見本市についてここでご紹介することにします。

「メッセフランクフルト」ドイツ

最初に出かけたのがドイツです。昭和50年代のことです。メッセフランクフルト社が主催するこの見本市でした。着いて、何より驚いたのは会場の広さです。とにかく広いのです。今でもわが社の「ギフト・ショー」の3～4倍はあります。

フランクフルト中央駅のすぐそばと言う便利な場所にあり、あまりに広いので建物と建物の間を「動く歩道」でつなぐなど、当時の日本では考えられないことばかりでした。スケールの大きさにただただ圧倒されたことを覚えています。5～6回は行ったかと思います。ここは世界各国からバイヤーが集まってきます。半分近くが海外からの来場者です。

ギフトの黎明期に、「世界の見本市」と言えば、この「メッセフランクフルト」を指しました。

「メゾン・エ・オブジェ」フランス

この名称に変わって以来、世界的に注目を集めるようになり、常に世界のトレンドをリードしてきた見本市です。インテリア小物から家具、装飾品、テーブルウェア、建材まで、「メゾン（家）」に関するアイテムが一同に会します。この見本市は、年に2回、1月と9月にパリで開かれます。

「アトリエ・ダール・ド・フランス」と呼ばれる、陶芸を始めとする工芸業者の利益を守るために設立された組織が中心となり、4つの組合の見本市が合体してできたものです。

これまで数回訪れましたが、そのおしゃれなセンスにはいつも驚かされました。特に、昭和50年当時のわが社の「ギフト・ショー」は貧弱で、商品をただ棚に並べているだけでしたが、それに比べて洗練されたデザインには目を見張るものがありました。それは鮮烈な印象でした。

ヨーロッパでは他に、イギリス国内最大の見本市「スプリング&オータムフェア」や、毎年イタリアのミラノで開かれる、国際家庭雑貨やギフトの見本市である「HOMI展」などがあります。これらの中には、ヨーロッパへの輸出を図る日本の企業も出展しています。

「NY NOW（旧ニューヨーク・ギフト・フェア）」アメリカ

各州で見本市が数多く開かれるアメリカにあって、これは別格とも言える存在です。かつてジョージ・リトル・マネージメントが主催していた、全米で最も権威ある見本市として知られています。1924年に設立され、100年近い歴史を持ちます。特に、「アクセント・オン・デザイン」と言う、美術館の学芸員的な審査委員から選ばれた、優れたデザインの製品しか出展できないゾーンは、世界中の見本市に影響を与えました。

わが社の「ギフト・ショー」の「アクティブデザインコーナー」も、「アクセント・オン・デザイン」を見習ってつくったものです。特にすぐれたデザインの商品を集めて、1つのコーナーとしています。それまでのショーでは見劣りする物が多く、そこから脱却したいと考えていた時、アメリカでこれを見て、グレードアップのためにこのコーナーを設けることにしたのです。

アメリカでは、ニューヨークの他に、アトランタ、ダラス、ロサンゼルスなどでも開催されます。

「中国輸出入商品交易会」中国

中国の広州で2ヶ月間にわたって開かれる見本市で、広州交易会とも呼ばれます。香港で開かれる見本市と連結するように開催日が組まれているため、世界中から集まった来場者で活気に満ちています。

とにかくスケールの大きい見本市です。体育館のような建物が建ち並び、その外にも商品が並び、知らないで行くと、どこに何があるかわからないほどです。アメリカのチェーンストアなどの巨大小売店が、自社のプライベートブランドをコンテナ単位で発注するような、商談の規模もず抜けて大きい見本市です。

見本市は中国だけでなく、アジアでも活発に開かれています。インドの「インドハンディクラフト&ギフト展」、フィリッピンの「マニラフェーム展」、タイの「バンコク国際ギフト&家庭用品展」、香港の「香港ギフト&プレミアムフェア」、ベトナムの「ベトナムギフト展」などです。

ヨーロッパやアメリカの見本市は、自国における商品の取り引きを主目的としていますが、アジアは自国の製品の輸出を目的に開かれます。この点が違います。

ところでヨーロッパやアメリカの展示会では、日本と違い、出展社は来場者に最初から名刺やパンフレットを渡すことはしません。来場者が商品を見て関心をもてば、出展社に声をかけ商品の説明や仕入れ条件を聞きます。そこで初めて名刺交換が行われ、パンフレットももらうことができます。

また、日本では来場者にサンプルを渡すことがありますが、これも海外ではけっしてしません。それを持ち帰ってから真似されるのを嫌うからです。

さらに、欧米の企業は日本のようにカタログをつくりません。商取り引きは名刺を交換して初めてその場で行われます。ですから、商談をしようと思えば、費用をかけて現地まで行くしかありません。

それだけに外国では、絶対に取り引きを成功させる覚悟で来場者は見本市にやってきます。その点、「ギフト・ショー」を見ていると、日本人はまだ甘いように感じます。出展社の中には、「あとでまた来るんでしょ」などと来場者に言って終わったりしています。外国人と日本人の商いに対する意識の違いを感じさせられます。

46年前に初めて見本市を開いた時、当時はまだこの業界には外資系の見本市は入ってきていませんでした。むしろ買収のほうに熱心で、それこそ入れ代わり立ち代わりわが社の買収にやってきました。

一番よく覚えているのが、老舗中の老舗の「ジョージ・リトル・マネージメント」がやってきた時です。社長のジョージ・リトル氏が私たちをハワイ旅行に招待し、勝った方が日本の「ギフト・ショー」を仕切ることを条件にゴルフのコンペをやろうと言い出しました。私は冗談のつもりかと思っていましたが、彼は真剣だったようです。私たちが負けると、今度は互いに出資し合って日本で「ギフト・ショー」をやろうともちかけました。

彼の会社は当時、１００年以上の歴史を誇る最大手でした。反対に私たちは立ち上げて間もない弱小企業です。これでは吸収合併されるのは目に見えています。そこで、跡取り息子がいることを口実に、この話はお断りしました。

現在は、外資系の会社も数社、日本で見本市を開いています。

最終章
ギフトの攻略法

「ギフト・ショー」で攻略

ギフトの歴史、市場、流通、そしてわが社が主催する「ギフト・ショー」についてこれまで述べてきましたが、最後に、まとめとして、これらを踏まえた上でギフトの攻略法についてお話したいと思います。

ギフトの攻略法と言うと、漠然としていてわかりにくいかもしれませんが、その舞台となるのが「ギフト・ショー」と捉えれば、理解しやすくなります。

「ギフト・ショー」の最大の利点は、今回、4日間と言う開催期間中に、ギフトの関係者がすべて集結することです。メーカー、問屋、小売店と言う、流通を担う業界の人々がいっせいに集まります。

「ギフト・ショー」はメーカーにとっては、半年、1年をかけてつくった新商品を問屋や小売店に見せ、取り引きをしてもらう場です。一方、問屋や小売店は、店で売るのにこれはと思える新しい商品やいい商品をメーカーから買いつける場です。それが

1つのスペースの中で行われるのですから、大変効率が良く、このことが「ギフト・ショー」の最大の魅力となっています。

これがもし個々で動いたらどうでしょう。メーカーが新商品をさげて、問屋や小売店を一軒一軒回ったり、あるいは反対に、問屋や小売店が新商品を探してメーカーを一軒一軒訪ねていくとしたら、膨大な時間がかかり、かといって、ビジネスは成功するとは限りません。

そのようなことをしなくてすむのは、「ギフト・ショー」のような展示会があるからです。店頭に並べておく程度だと、そこそこに売れるぐらいが、展示会では多くのバイヤーの目に止まり、一気に注文がきたりします。それが可能なのも、売り手と買い手が一同に会しているからです。

ですから、メーカーが新商品をつくり、「これ、売れるだろうか」と思ったら、展示会に出すのが一番です。手っ取り早く、しかも成果がすぐに現れます。何十社もの引き合いがあれば、それは間違いなく売れる商品ですし、反対に思ったほどの引き合いがなければ、自社の製品のどこにその理由があるのか考える材料になります。品選びが悪いのか、製品自体が良くないのか。

また、同業他社の製品をまじかで見られることは、商品づくりにもおおいに参考になります。そこから新たなヒントが得られるかもしれません。

ジャンルを超えた発想

わが国ではそれぞれの業界で独自の展示会がいろいろと開かれています。ギフトの業界でも、おもちゃ、文具、食品、ペット、人工知能、化粧品など、それぞれ展示会を開いています。

それらの出展社の中には、「ギフト・ショー」にも参加するところがあれば、業界の展示会には出ず、「ギフト・ショー」にだけ出展するところもあります。これは、商品に対する考え方が、従来とは違ってきているからです。

たとえば、ぬいぐるみを例に挙げると、本来ならぬいぐるみはおもちゃです。「ギフト・ショー」でもそのジャンルのコーナーに並ぶのが普通のように思われます。しかし、メーカーの中には、躊躇なく他のコーナーに展示するところがあります。たとえば、ルームアクセサリーのコーナーなどにです。

それは、メーカーがぬいぐるみを単におもちゃとして捉えていないからです。女性の部屋を飾る1つのアイテムとして考えているのです。そのためのぬいぐるみであって、おもちゃではありません。だからおもちゃの展示会には出ず、「ギフト・ショー」に出展するのです。「ギフト・ショー」で、おもちゃとして以外の新しい流通先を開拓するためです。

おもちゃだからおもちゃのコーナーに、文具だから文具のコーナーに出展するのは昔の話で、今は違ってきています。

「ギフト・ショー」で、「オンリーワンコレクションフェア」をつくったのも、そう言う背景があるからです。業種を問わず、あらゆる物がオンリーワンになることから設けられたものです。

何がオンリーワンかは出展するメーカーしかわかりません。わからないから面白い。わからないから来場者は引き寄せられます。もしや自分の店に置ける物があるかもしれないと、このコーナーを訪れるのです。業種を超えて自分の店で扱える商品を問屋や小売店が探している証拠です。

こうした業態融合の販売様式は、家具のような大きな製品を扱う店をも変えています。家具を前面に出しても客を引きつけられないことから、そこには雑貨のような小物を並べ、だんだんと奥の家具へ誘導する店づくりにしているところが多くなっています。そのためバイヤーは家具を見るだけでなく、家具店に置ける雑貨も見て回ることになります。

異業種の物を探し、得られるのも、「ギフト・ショー」だからできることです。

異業種でグランプリを

「ギフト・ショー」にはコンテストがあります。第4章で詳しく説明しているので、お読みいただきたいと思いますが、出展社の中にはこのコンテストを重視し、社を挙げて賞をとれる商品開発に取り組んでいるところがあります。そのためにスタッフを揃え、費用もかけ、最大限の努力を払っています。

なぜ、そこまで力を入れるかと言えば、グランプリや大賞をとれば、取り引きに大きな影響を与えるからです。単価にもよりますが、1億円以上の売り上げにつながることもあるようです。それは第4章でお話しした通りです。中には、雑誌に1年間通して広告を出したのに反応がなかったのが、「ギフト・ショー」でグランプリをとったとたん、何億円もの売り上げになったと言うところもあるくらいです。

そのため企業の中には、本業から離れ、異なる分野の企画に力を入れて、賞を狙うところも出てきています。文具会社なのに文具でない物、おもちゃ会社なのにおもちゃでない物を商品開発し、グランプリを始めとする賞を狙っています。実際、それでたびたび賞をとる会社もあります。本業でない分野ですから、その情熱には並々ならぬものがあります。

なぜ、そこまでして賞を狙うのかと言えば、それは、受賞による売り上げの増大と共に、別の市場の開拓があります。本業の流通とは別の流通ルートを開拓しようとしているのです。それには「ギフト・ショー」で賞をとるのが一番の近道です。なにしろ、さまざまな分野の業種の関係者が集まっているからです。

受賞すると、異業種の人たちからも注目されます。特に今の店づくりは業態融合ですから、違う分野からの引き合いも大きいのです。だから本業でなくても、売れる商品の開発にどこよりも熱心に取り組むのです。

新しい流通先を探すには「ギフト・ショー」は最も適しています。ここで言う新しい流通先とは異業種のそれです。1業種に限った展示会では、それは不可能です。同じ業種の流通関係者しか来場しないからです。

「ギフト・ショー」はいろいろな業種が集まった見本市です。その利点を最大限活かしていただきたいと思います。

名刺とパンフレットの活用術

「ギフト・ショー」を最大限利用するには、名刺とパンフレットもおおいに活用しましょう。

バイヤーがメーカーのブースを訪ねると、そこでは必ず名刺交換が行われます。名刺は情報の宝庫です。単に名刺を集めるだけでなく、ここから多くの情報を読み取ることが大切です。

名刺には、社名、住所、氏名、肩書などが書かれています。その会社がどこにあって、どういうセクションで、どういう肩書の人物なのかが示されています。

メーカーから見てみましょう。

それまで取り引きのなかった地域からのバイヤーであれば、今後、新たな商圏を開拓できるかもしれません。また、どういうセクションが自社の新商品に関心をもったかがわかり、売り込み先の選択に役立ちます。さらに、決裁権を有する肩書の人物なら、その場で商談になる可能性も出てきます。

名刺は名簿づくりに必要です。次回の「ギフト・ショー」ではそれを基に招待状を発送できるからです。今年は取り引きがなくても、来年はあるかもしれません。名刺をもらっているといないのとでは違ってきます。

名刺は顔です。自分の代わりに相手に覚えてもらうツールですから、印象に残る名刺づくりが求められます。それには新商品の写真や、自分の顔写真をのせるのもいい方法です。良くないのは文字が小さかったり、薄かったり、メールのアドレスが読みにくかったりすることです。軽く扱われてしまう恐れがあります。会場では何十枚もの名刺をもらうでしょうから、その中からどういうのが印象に残るか研究して、自分の取り引きに活かすようにしましょう。

次が、パンフレットです。

パンフレットこそ情報が網羅されています。同業社でなくても、参考資料としてできる限り集めておきましょう。パンフレットには価格、納期、ロットなどが記されていますから、並べてみることで、比較検討できます。その下準備を終えて、商談したい相手があれば交渉段階に移っていきます。

パンフレットはメーカーのやる気度までわかるようです。なんとしてでも新商品を売り出したいと言う意欲に満ちているところは、紙質、印刷、製本など、それなりに力の入ったパンフレットを制作します。

しかし、パンフレットでなにより大事なのは、相手にとってわかりやすいことです。

バイヤーが知りたいのは第一に価格。それがぱっと見てわかるかどうかです。

また、新商品をつくるにあたっては、開発者の思いや、一番に伝えたいことなどが必ずあるはずです。パンフレットの中でそれが表現されているかどうかです。なぜなら小売店で客が見た時、そのストーリーを知れば、購入の判断基準になるかもしれないからです。それもまた、パンフレットの大きな役目です。

ストーリー性で共感を与える

「ギフト・ショー」は年に2回、新商品を発表する貴重な場ですから、最大限の効果をあげなければなりません。それには重要なことがいくつかあります。

1つが展示方法です。

たとえば映像などで見せるやり方です。プロジェクターを使って、新製品を紹介したり、プロのナレーターを雇って、商品説明をしたりするなどです。ただし、従来のそれは営業担当者の延長のような説明が多く、気になります。開発者がどういう思いでつくった商品なのか、どこを一番に見てもらいたいのかなど、ストーリー性のあるナレーションが求められます。来場者が引きつけられるのはそう言うところです。それは小売店の顧客の関心事でもあるからです。

効果を上げる方法

展示方法の中には、商品の並べ方も入ります。

大事なのは、見やすく、わかりやすいことです。そしてなにより新商品が最も魅力的に見えるようにすることです。手前にもってくるのはもちろんのこと、目線の高さに並べるのもそうです。スポットライトもよく当たるようにします。

今はＳＮＳによって画像が世界に拡散する時代です。これは新商品の売り出しのチャンスです。大会社だけでなく、これなら小規模の会社でも可能です。英語などによる表現はむずかしくても、見せる方法ならあるはずです。インスタ映えを意識した展示を心がけましょう。

次が、セールストークです。

なにより相手に伝わる話し方が大切です。通りいっぺんの商品説明では、人の関心を引きません。先に述べたように、相手の記憶に残るようなストーリー性のある内容であることが大事です。バイヤーから聞かれることはたいてい決まっています。あとはそれにどう答えるかです。想定問答を用意し、準備しておきます。

ただし、実際は思うようにいかないこともあります。相手の反応が鈍く、どうもひきが悪いと言ったようなことです。思った効果が出ない時は、その日、終わってから全員で集まって考え、話し方を変えることも必要です。

反対に、ひきがいいなと感じた時は、その話を重点的に伝えます。相手の関心はそこにあるのですから。常に相手の顔色を見ながら判断します。

悩んだ時は、他社のブースをのぞいてみましょう。どういうセールストークをしているか、見て学ぶのです。特に、人が集まっているところはその価値があります。何が人を引きつけるのか、呼び込みがうまいのか、話し方がじょうずなのか。注意深く観察すると見えてくるところがあるはずです。

反対に、閑散としているブースは、何が足りないのか、考える材料になります。

一方、自社のブースにたくさんの人がきた時、気をつけたいのは、1人の人だけに対応して、他の人を放っておくことです。じょうずに切り上げることが大切です。その時どういうキーワードを使うかなど、あらかじめ考えておくとスムーズにいきます。

また、バイヤーの中には、毎日訪れると言う人もいれば、初日と最終日の2日間来場すると言う人もいるでしょう。その時、初日と最終日でこちらの説明内容が違っていたら問題です。開催期間を通して、セールストークがぶれないことが大切です。

一方、バイヤーの側から大事なことは、かけひきです。1点物などの場合、出展社は強気に出ます。しかし、必ず値引きは頭に入れているはずです。それをどこまで引き出すかです。交渉術を磨いておくことも求められます。

メーカーの攻略法

「ギフト・ショー」にはメーカー、問屋、小売店が参加します。まさに今、ギフト市場を動かしている業界関係者たちです。その彼らが「ギフト・ショー」に一同に会するのですから、これだけをとっても、商売上絶好のチャンスと言えます。言い換えれば、「ギフト・ショー」を最大限活用することが、ギフトの攻略法につながると言っても過言ではないのです。

では、メーカー、問屋、小売店がそれぞれどんな攻略法でもって「ギフト・ショー」に臨めばいいのか、見ていきましょう。

まず、メーカーです。

普段メーカーは、同業他社について知るすべがありません。そのため特に、ライバル社の新商品はおおいに気になります。「ギフト・ショー」ではまず、それを目にできます。会場内をちょっと巡るだけで、ライバルの様子がつかめます。今回はどういう新商品を出したか、それはどういう中身で、以前の物とどこが違うかなど、把握することができます。

それも1社だけではありません。一度にすべての同業他社の新商品を目の当たりにできるのです。こういう機会はめったにありません。次の新商品づくりの参考になります。

また、「ギフト・ショー」は、コラボする相手を容易に見つけられると言う、願ってもない機会です。

たとえばボールペンのメーカーが、自社のボールペンに花柄をプリントしたいと思ったとします。プリント専門の会社が出展していれば、そこで頼むことができますし、あるいは会場を回っている内に、ここなら引き受けてくれそうだとピンとくる会社があれば、コラボが可能かどうか交渉ができます。

普段だとそういう相手を見つけるのは大変です。時間がかかります。しかし、「ギフト・ショー」ではそれが簡単にできるのです。この利点を活かしましょう。

また、他の例としては、たとえば、ペット業界の人が、ペット（犬用）のベッドをつくりたいと言うアイデアを持っていたとします。この場合、出展している、人間のベッドの製作会社に、そういうベッドをつくってくれないかと相談することができたりもします。

ペット用品だけを集めた展示会では、これはありえません。第一、そう言う発想は生まれないでしょう。「ギフト・ショー」のような展示会だからこそ可能なのです。

人間のベッドをつくるメーカーの視点から、今までにないペット用のベッドができれば、それが同業他社との差別化につながります。ここが狙いです。

会場には多種多様なメーカーが出展しています。コラボすることで、今までにない発想で新商品を誕生させることができるのです。

問屋の攻略法

次に、問屋を見ていきましょう。

昔に比べ、問屋業はむずかしくなっているのが現実です。大型スーパーマーケットやコンビニエンスストアができ、あるいはメーカ直販で仕入れる小売店が増えたことで、昔のように問屋が必要とされなくなるケースが多くなっているからです。

しかし、問屋がなくては成り立たない商売もあります。小規模な小売店などはそうです。総合問屋のエトワール海渡から仕入れている小売店が2万店にものぼることを見てもわかります。ここからは大勢のバイヤーがギフト・ショーに来場されます。それぞれが担当のジャンルで仕入れを行っています。

問屋にとって商材の仕入れは大事ですが、それ以上に重要なのが情報です。問屋業は最も情報が必要な業種です。メーカーからも小売店からも常に新しい情報を仕入れておくことが求められます。この点、「ギフト・ショー」はメーカーが一同に会するため、会場を回るだけで情報を仕入れることができます。問屋はこの機会を逃さずに情報収集にあたります。

「ギフト・ショー」には、それまで付き合いのあるメーカーだけでなく、初めて出会うメーカーもいます。問屋にとっては、どちらも大事です。そこで、付き合いのあるメーカーであれば、今回の新商品について尋ね、満足いく情報が得られれば仕入れとなりますし、また、初めて接するメーカーであれば、その会社がどういうところで、どんな商品を扱っているか、新商品はどういう物かなどを聞くことで情報を得ることができます。もちろん商談まで進むこともあるでしょう。

「ギフト・ショー」は出会いの場でもあります。今まで知らなかった分野のメーカーに出会えることは、問屋自身の新たな商品の発掘にもつながります。問屋が新しい企画物を持ってくれば、たとえば大型店のスーパーマーケットでは、「これはいいかもしれない、仕入れてみよう」と言うことになります。

常に新しい商品を探すのも問屋の仕事です。「ギフト・ショー」はその情報源として最適な場所なのです。

「ギフト・ショー」の歩き方

では、小売店はどうでしょうか。

今は差別化の時代です。小売店は他店と違う個性ある店づくりが求められます。魅力ある業態融合の店をつくれるかどうかです。そのためには何をどこから仕入れればいいか。

方法としては、1つが問屋からです。1つが「ギフト・ショー」からです。

ここでは小売店のギフト・ショーの活用法について、お話したいと思います。「ギフト・ショー」の歩き方と言ってもいいかもしれません。

「ギフト・ショー」の会場である東京有明のビッグサイトは大変広くて、1日ではとても回りきれません。最短距離で要領よく動くことがまず大事です。そこで、準備が必要になります。

取り引き先のメーカーから「ギフト・ショー」の招待状が送られてくると、出展社の名簿が掲載されていますから、まず、回りたい相手先をチェックします。そのあとインターネットで、それぞれのメーカーのホームページを開き、出展する新商品が紹介されていれば、特徴や機能などを比較するなどして、下調べをしておきます。

当日は、一番行きたいところから回り始めます。もちろん普段からつきあいのあるおなじみのメーカーも含まれます。

バイヤーは新商品の買いつけに行くのですから、その商品に関して聞きたいことを尋ねます。内容はもちろんのこと、卸値、納期、ロット、特注品も可能か、などなど。特に納期の確認は重要です。近年は、多くが海外で生産されるため、納期に間に合わないと違約金が発生するケースもよくあるからです。同じことを他のメーカーにも尋ね、比較の対象とします。

「ギフト・ショー」は同業のメーカーが何軒も出展していますから、簡単に比較ができます。これは展示会でないとありえませんから、この機会をおおいに利用することです。

「ギフト・ショー」はまた、若い女性バイヤーの活躍場所にもなっています。その日で同じ世代の女性に売れる新商品を探しています。見つかれば、決裁権のある上司に報告し、そのあと実際の仕入れになるようです。

流行をキャッチ

「ギフト・ショー」は買いつけの場ですが、同時に流行を知る場でもあります。そのための絶好の機会です。マーケットに影響を与えそうなところを特に見て回りながら、流行をキャッチします。

期間中に行われるコンテストでたびたび賞をとるところには特にチェックをかけましょう。流行を意識して商品開発をしているからです。しかも賞をよくとるのですから、製品を見るだけで流行の傾向がつかめます。

ところで、バイヤーのみなさんには、「ギフト・ショー」に毎日足を運んでいただきたいのですが、インターネットやスマートフォンが普及する今の時代には、それらをうまく活用することも攻略法の1つです。これらを使ってチェックしたい商品を事前に絞り込んでおきます。あとは実際に見て、判断します。ただし、焦らないことです。勢いで買いつけるのは良くありません。大きな商いですから、じっくり攻めることが大切です。

インターネットやスマートフォンを賢く使うと同時に、人間の目で見、触って感触を確かめるなど、2つを併用することがギフトの攻略法の近道になると信じています。

ネット時代の「ギフト・ショー」

現代はネット時代と言われます。パソコンやスマートフォンが発達し、これらがなくては誰もが生活に支障をきたすほどです。このようなネット時代において、「ギフト・ショー」の役割とは何か、最後に述べてみたいと思います。

その前に、まず、ギフトとは何かを改めて考えてみてください。

ギフトは人から人への贈り物です。そこには、相手に喜んでもらうため、相手に気持ちを伝えるための、贈り手の思いが込められています。贈る側と贈られる側の心と心をつなぐ物、それがギフトです。

この点、店頭でそれを売る側も、贈り手の思いが伝わるからこそ、商品を丁寧に扱い、包装やラッピングにも気持ちを込めます。これは買い手と売り手が店で直接顔を合わせるからこそできることです。

「ギフト・ショー」はまさにそう言う場所です。新商品をはさんで買う側と売る側が直接対面することで、細かいところまで交渉が可能な中身の濃いビジネスができるのです。

では、相手の顔が見えないケースではどうでしょうか。これがネットビジネスです。商品は単なる媒体でしかなく、表示された数字を基に、片方は売るだけ、片方は買うだけの関係です。ここには、画面で商品を見ることはできても、触ることはできません。どういう中身か詳しく調べることもできなければ、商品の持つあたたかみも伝わってきません。

果たして、それで顧客を満足させられるのでしょうか。自信をもって、顧客に商品を勧められるのでしょうか。私は疑問です。

この点、「ギフト・ショー」のような見本市では、そのすべてを叶えることができます。メーカー側は目の肥えたバイヤーを相手に、最高の商品を提示することが求められますし、バイヤーはそれを実際の目で見、手で触って確かめることができ、その上で、「この商品なら」と太鼓判を押せる仕入れができます。

短い開催期間にも関わらず、約２６００の出展社、のべ20万人の来場者が全国からやってくるのも、そのためです。時間をかけ、交通費をかけ、出展料をかけてでも惜しくないヒューマンタッチのビジネスが「ギフト・ショー」では可能だからです。

ギフトが心と心をつなぐ物である限り、「ギフト・ショー」はこれからも、メーカー、問屋、小売店の皆様のお役に立てるものと確信しています。

芳賀久枝（はが　ひさえ）

㈱ビジネスガイド社 会長、㈱ぎふと 代表取締役社長。1932年東京生れ。早稲田大学法学部卒業。専門出版社の編集者を経て、故芳賀忠代表と共に1971年に㈱ビジネスガイド社を設立。現在、月刊「Gift PREMIUM」の発行を始め、東京・大阪・福岡インターナショナル・ギフト・ショーを開催。主催者としてギフト業界の発展に努めている。著書に「ギフトが分かれば明日が読める」「『ギフト力』が分からなければ明日はない」「新しい『顧客創造』はギフトでできる」「『ギフト・ショー』を創った人」がある。趣味は日本画。

ギフトの攻略法

2018年9月8日　初版発行

著者　芳賀久枝

発行　株式会社 キクロス出版
〒112-0012　東京都文京区大塚6-37-17-401
TEL.03-3945-4148　FAX.03-3945-4149

発売　株式会社 星雲社
〒112-0005　東京都文京区水道1-3-30
TEL.03-3868-3275　FAX.03-3868-6588

印刷・製本 株式会社 厚徳社

プロデューサー 山口晴之　エディター 高野知恵子　デザイン 山家ハルミ

ISBN978-4-434-25139-9 C0034